CONEXIONES

LECTURAS PARA HISPANOHABLANTES

PRENTICE HALL

JUNTOS

DOS

PRENTICE HALL
Simon & Schuster Education Group
A VIACOM COMPANY

PRENTICE HALL STAFF CREDITS

Director of Foreign Languages: Marina Liapunov

Director of Marketing: Karen Ralston

Project Support: Julie Demori

Advertising and Promotion: Carol Leslie, Alfonso Manosalvas, Rip Odell

Business Office: Emily Heins

Design: Jim O'Shea, AnnMarie Roselli

Editorial: Guillermo Lawton-Alfonso, José A. Peláez, Generosa Gina Protano, Barbara T. Stone

Manufacturing and Inventory Planning: Katherine Clarke, Rhett Conklin

Media Resources: Libby Forsyth, Maritza Puello

National Consultants: Camille Wiersgalla, Mary J. Secrest

Permissions: Doris Robinson

Product Development Operations: Laura Sanderson

Production: Janice L. Lalley

Sales Operations: Hans Spengler

Technology Development: Richard Ferrie

ISBN 0-13-415738-9

1 2 3 4 5 6 7 8 9 10 00 99 98 97

PRENTICE HALL
Simon & Schuster Education Group
A VIACOM COMPANY

ACKNOWLEDGMENTS

Grateful acknowledgment is made to the following for permission to reprint copyrighted material:

Agencia Literaria Carmen Balcells, S.A.
"El diario a diario" by Julio Cortázar from *Historias de cronopios y de famas*, Editorial Sudamericana, 1962. Copyright © 1962 by Heirs of Julio Cortázar. Excerpt from *Memorias* by Adolfo Bioy Casares, Tusquets Editores, 1994. Copyright © 1994 by Adolfo Bioy Casares. "Usos y abusos del paraguas" by Gabriel García Márquez. Copyright © by Gabriel García Márquez. "Oda al tomate" by Pablo Neruda from *Odes to Common Things*, Bulfinch Press. Copyright © Heirs of Pablo Neruda. "Como un escolar sencillo" by Senel Paz. Copyright © by Senel Paz. All selections reprinted by permission of Agencia Literaria Carmen Balcells, S.A.

Agencia Literaria Latinoamericana
"Los dos abuelos" by Nicolás Guillén from *Voces de hispanoamérica*, Heinle & Heinle, 1988. Copyright © by Agencia Literaria Latinoamericana. Reprinted by permission of Agencia Literaria Latinoamericana.

Agrupación de Diarios del Interior S.A. (ADISA)
"Un boom llamado trekking" by Pablo Prati, appeared in the magazine *Nueva*, Number 150, May 1994. Copyright © 1994 by ADISA. Reprinted by permission of ADISA.

Mirta Arlt
"Motivos de la gimnasia sueca" by Roberto Arlt from *Aguafuertes porteñas*, Editorial Losada, 1950. Copyright © by Heirs of Roberto Arlt. Reprinted by permission of Mirta Arlt.

Pilar Gómez Bedate & Ute Korner
"Los pequeños objetos" by Ángel Crespo from *Quedan señales*. Copyright © 1996 by Ángel Crespo. Reprinted by permission of Pilar Gómez Bedate and Ute Korner.

Poldy Bird
"La casa donde me decían Poldita" by Poldy Bird from *Caramelos surtidos*, Ediciones Orión. Copyright © by Poldy Bird. Reprinted by permission of the author.

Cambio 16
"Mestizaje Artesano" by Luis Méndez Asensio appeared in the magazine *Cambio 16*, Number 1.232, July 3, 1995. "Indurain cumple" by Juan Fernández, *Cambio 16*, Number 1.235, July 24, 1995. Copyrights ” 1995 by *Cambio 16*. Reprinted by permission of *Cambio 16*.

Marco Denevi
"Apocalipsis" and "Génesis" by Marco Denevi from *Cuentos y microcuentos: Una antología de la narrativa breve*, Holt, Rinehart & Winston, 1978. Copyright © by Marco Denevi. Reprinted by permission of the author.

Coquena Grupo Editor
Riddles: "El avión" & "La carta" by Carlos Silveyra from *Adivinanzas para mirar en el espejo*. Copyright © 1989 by Coquena Grupo Editor. Reprinted by permission of Coquena Grupo Editor.

Ediciones Creativas de Costa Rica S.A. (EDICRESA)
"El museo de joyas del bosque lluvioso" originally entitled, "La vida de los artrópodos," appeared in the magazine *Join Us*, Number 3, 1994. Copyright © 1994 by EDICRESA. Reprinted by permission of EDICRESA.

Ediciones Ekaré
"La vida" by Eugenio Montejo from *Alfabeto del mundo* (antología poética), Editorial Fondo de Cultura Económica, Colección Tierra Firme, México, 1988. Copyright © by Eugenio Montejo. Reprinted by permission of Ediciones Ekaré.

Ediciones Orión
"Alguna vez" by Eduardo Gudiño Kieffer from *Caramelos surtidos*, Ediciones Orión. Copyright © by Eduardo Gudiño Kieffer. Reprinted by permission of Ediciones Orión.

Editorial América S.A.
"Viajes" appeared in the magazine *Tú Internacional,* December 1994. Copyright © 1994 by Editorial América. Reprinted by permission of Editorial América S.A.

Editorial Atlántida
"Los tesoros del fondo del mar" by Raúl García Luna, Franck Goddio and Rodolfo Bojore, appeared in the magazine *Conozca Más*, Number 79, 1994. Copyright © 1995 by Editorial Atlántida. Reprinted by permission of Editorial Atlántida.

¡Éxito!
"El cubano de la moda" by P.C. Mango, originally entitled, "El matancero de la moda" appeared in the newspaper *¡Éxito!*, March 13, 1996, Volume 6, Number 11. Copyright © 1995 by *Éxito*. Reprinted from *Éxito*; a weekly publication of the Sun-Sentinel Co.

Gloria Fuertes
"De los periódicos" by Gloria Fuertes from *Off the Map: Selected Poems by Gloria Fuertes*, Wesleyan University Press, 1994. Copyright © by Gloria Fuertes. Reprinted by permission of the author.

José Hierro
"Canción" by José Hierro from *Poesías Completas*, Ediciones Giner, 1962. Copyright © by José Hierro. Reprinted by permission of the author.

William Peter Kosmas, Esq.
"La tarara" by Federico García Lorca from Obras Completas (Aguilar, 1993 edition) ©" Herederos de Federico García Lorca. All rights reserved. For information regarding rights and permissions for works by Federico García Lorca, please contact William Peter Kosmas, Esq., 77 Rodney Court, 6/8 Maida Vale, London W9 1TJ, England.

Guillermo Samperio
"Tiempo libre" by Guillermo Samperio from *El muro y la intemperie*, Ediciones del Norte, 1989. Copyright © by Guillermo Samperio. Reprinted by permission of the author.

CONTENIDO

CAPÍTULO  1

VIAJES

Los primeros textos literarios hispanoamericanos describen la llegada de los españoles a América y los viajes de conquista. No sólo en Hispanoamérica sino en el mundo entero, escritores y artistas han hablado de los viajes como momentos de cambio y descubrimiento.

A veces viajar es una necesidad, es un medio para encontrar una vida mejor y requiere sacrificios y trabajo. Viajando aprendemos a reaccionar ante lugares y culturas ajenas, poniendo a prueba nuestra capacidad de enfrentar lo nuevo.

En este capítulo, varios autores nos invitan a viajar junto con ellos hacia interesantes territorios, reales o imaginarios, y un periodista nos aconseja qué hacer para disfrutar mejor de esa experiencia.

NOTAS

Los **calcos** y **préstamos,** son transferencias lingüísticas. Este fenómeno ocurre cuando se trasladan palabras o frases de un idioma a otro. Un ejemplo de calco sería cuando decimos que estamos "envueltos en una actividad", imitando la palabra "involved" del inglés, cuando lo correcto sería decir "participando". Un ejemplo de préstamo ocurre cuando usamos una palabra en inglés y la adaptamos al español. Por ejemplo: El *roofo* se cayó, en vez del *techo*. Muchos escritores hijos de inmigrantes o nacidos en países donde se habla una lengua diferente a la suya, tratan de expresar el choque cultural usando en el lenguaje literario calcos lingüísticos tomados de la realidad.

Autora **Esmeralda Santiago (1948)**

Nació en Puerto Rico y emigró con su familia a Nueva York. El estilo de Esmeralda Santiago se caracteriza por el uso de un lenguaje coloquial, es decir, de la forma en que hablamos comúnmente. Escribe guiones de documentales para televisión y colabora habitualmente en diversos periódicos como *The New York Times* y *The Boston Globe*. El siguiente fragmento pertenece a su primer libro, *Cuando era puertorriqueña* (1993), en el que narra experiencias vividas durante su niñez y juventud.

Prepárate para leer

Piensa en un viaje que hiciste y que fue muy especial para ti. ¿Cómo te sentiste? ¿Por qué?

Lee el título y mira las ilustraciones. ¿Cuál crees que es el tema de la lectura?

Cuando era puertorriqueña

Esmeralda Santiago

Mujeres vestidas en uniformes, tacos altos y faldas apretadas, sus peinados tiesos con espray, nos señalaban que debíamos amarrarnos los cinturones de seguridad, poner todos los paquetes debajo de los asientos y sentarnos derechos.

—Azafatas —dijo Mami, admirando sus uniformes bien planchados, sus blusas almidonadas, las cintas azul marino amarradas en lazos en peinados que parecían cascos. Ni una hablaba español. Sus sonrisas apretadas no me convencían, no decían "bienvenidos". En mi mejor vestido, bien peinadita, el barro bajo mis uñas cincelado con hebillas antes de salir, todavía me sentía sucia al lado de estas mujeres bien cuidadas, perfumadas, con ropa que no se arrugaba, quienes nos servían.

—Algún día —meditó Mami en voz alta— quizás te gustaría a ti ser azafata. Así puedes viajar gratis por todo el mundo.

Las azafatas caminaban melindrosamente° arriba y abajo por el pasillo formado por los asientos, mirando de lado a lado como si fueran reinas saludando al gentío. Yo traté de leer en sus caras si sus viajes las habían llevado a sitios como Mongolia, Singapur, Tumbuctú.° Allí es donde me gustaría ir a mí si yo fuera azafata. No a Nueva York, París, Roma. Yo iría a sitios tan lejos que ni siquiera podría pronunciar sus nombres. Quería ver cosas tan raras, que se vería en mi cara. Ninguna de las azafatas parecía haber visto nada muy exótico. Sus

melindrosamente: *con mucho cuidado*
Tumbuctú: *ciudad de Mali*

sonrisas evasivas,° la manera en que parecían tener todo bajo control era demasiado tranquilizadora, muy estudiada, muy manejada para hacerme sentir cómoda. Me hubiera sentido mejor si hubiera más caos.°

—¿Estos aviones se caerán del cielo? —le pregunté a Mami.

Una mujer sentada delante me tiró una mirada asustada y se cruzó.°

—¡Ay, nena, no digas tal cosa! Nos va a traer mala suerte.

Mami se sonrió. Estábamos sobre nubes espesas, el cielo sobre nosotros tan claro que me dolían los ojos. En el asiento de la ventana, Edna pegó su cara contra el vidrio. Me miró, ojos relucientes.

—¡No hay ná' allá afuera! —estiró su mano sobre mi falda, hacia Mami—. Tengo hambre.

—Ya pronto nos van a servir. Espera un ratito.

Las azafatas nos trajeron bandejas con platos cuadrados llenos de salsa sobre pollo, arroz amogollado° y habas hervidas. Todo me sabía a sal.

El cielo oscureció, pero nosotros flotábamos como si en leche que parecía aguantar el avión suspendido en el aire sobre Puerto Rico. No me parecía que nos estábamos moviendo; me imaginé que el avión estaba parado sobre las nubes mientras la tierra volaba bajo nosotros. El zumbido monótono del motor del avión nos adormeció en los asientos duros con los pañitos blancos en el espaldar.

—Mami, ¿qué son esos? —le pregunté, tocando la tela almidonada, texturada° como piqué.

—Para que las pomadas que la gente se pone en el pelo no manchen el espaldar del asiento.

Un hombre, su pelo embarrado con

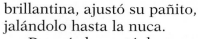

brillantina, ajustó su pañito, jalándolo hasta la nuca.

Dormí, desperté de repente, asustada al no reconocer dónde estaba, me acordé hacia dónde íbamos, y dormí otra vez, repitiendo el ciclo, dentro y fuera del sueño, entre la tierra y el cielo, entre Puerto Rico y Nueva York.

Llovía en Brooklyn. La neblina se colgaba sobre el aeropuerto, así que no vi nada al aterrizar, sólo luces azules y blancas en la pista y en la terminal. Caímos del cielo como si el piloto no hubiese calculado bien lo cerca que estábamos de la pista. Un silencio atemorizado fue seguido por llantos y aleluyas, y la prisa de la gente tratando de ser los primeros fuera del avión.

La voz de Mami se mezcló con la de las otras mamás diciéndoles a sus hijos que agarraran sus cosas, que se quedaran juntos, que caminaran rápido hacia la puerta y que dejaran a la gente pasar. Edna, Raymond y yo teníamos paquetes, y Mami dos bultos llenos de viandas° y especias del país.

sonrisas evasivas: *sonrisas falsas*   caos: *desorden*
cruzó: *persignó*   amogollado: *demasiado cocinado*
texturada: *con textura*

—Esto no se encuentra en Nueva York —había explicado.

Desfilamos por un túnel largo y ventoso, al final del cual esperaban muchas personas sonriendo, sus manos al aire, señalándose a sí mismos, sus voces mezclándose en una confusión de "holas" y "¿cómo estás?" y "¡Ay, Dios mío, tanto tiempo sin verte!"

—Por acá —nos dijo Mami, empujándonos. En las orillas de la muchedumbre, una mujer alta, con pelo corto, un vestido de encaje negro y sandalias, estaba recostada contra un poste pintado de amarillo. No la reconocí, pero me miró como si me conociera, y caminó a medio galope hacia nosotros, sus brazos abiertos. Era la mamá de Mami, Tata. Raymond soltó la mano de Mami y se tiró en los brazos de Tata. Mami la abrazó y la besó. Edna y yo no nos atrevíamos a mover de donde nos habíamos parado como estatuas.

viandas: *comidas*

—Esta es Edna —dijo Mami, empujándola hacia el beso y abrazo de Tata.

—Y ésta debe ser Negi —dijo Tata, abrazándome. Me apretó contra su pecho, y sentí las puntas del broche en su hombro contra mi mejilla. Me abrazó más de lo que yo esperaba, y me encontré envuelta en la suavidad rasguñosa de su vestido de encaje y la calor de piel empolvada.

Detrás de ella se destacaba un hombre más bajo que ella, pero imponente. Tenía un cuerpo fuerte, con ojos pequeños bajo cejas peludas, nariz ancha y labios llenos bajo un bigote tan escaso que parecía un dibujo. Nunca hubiera dicho que era un hombre guapo, pero emanaba° una delicadeza y dulzura que inspiraban confianza. Era, más o menos, familia. Mami lo presentó como "Don Julio, el amigo de Tata". Le apretamos la mano, que era grande y carnosa, y que parecía tragarse las nuestras.

—Vamos a sacar las maletas —dijo Mami, arrimándonos hacia ella—. Ustedes, no se suelten de la mano, que este sitio parece un manicomio.

Nos unimos a la gente desfilando hacia el reclamo de equipaje. Cajas llenas de frutas y vegetales se habían desbaratado, y sus contenidos se habían caído, formando un frangollo resbaloso en el suelo. Maletas demasiado llenas, amarradas con sogas y cintas, se habían reventado, y ropa interior, pañales y zapatos destartalados° se calaban por las hendeduras,° cosa que todos podían ver lo que tenían dentro. La gente señalaba, se reía y miraba a ver quién reclamaba esos trapos, a quién se le ocurría que esa ropa remendada y descolorida y esos zapatos manchados y con tacos gastados les iban a servir en su nueva vida en Brooklyn.

emanaba: *irradiaba*   **destartalados:** *viejos y en mal estado*   **hendeduras:** *aberturas*

A. En parejas, respondan a las siguientes preguntas.

1. ¿Cómo describe la autora a las azafatas? ¿Le inspiran confianza? ¿Por qué?

2. ¿A qué lugares le gustaría viajar a la escritora?

3. ¿Qué rasgos de su carácter se manifiestan en esas preferencias?

4. ¿Con qué compara el aire en el que volaba el avión? ¿Cómo se llama esa figura literaria?

5. ¿Qué sensaciones tiene la autora en este viaje?

6. ¿Cómo describe la llegada a Nueva York?

7. ¿Cómo es la abuela? ¿Y Don Julio?

8. ¿Cómo es la escena del reclamo de equipaje? ¿Qué significa ese equipaje?

B. Identifica los calcos y préstamos en las siguientes frases. Luego escribe la expresión correcta en español.

1. Mujeres vestidas en uniformes...

2. Una mujer sentada delante me tiró una mirada asustada y se cruzó.

3. ... la tela almidonada, texturada como piqué...

C. En grupos, identifiquen todas las expresiones que indican el uso del lenguaje coloquial. Escríbanlas en sus cuadernos.

AMPLIACIÓN

En dos párrafos, cuenta las impresiones de tu primer viaje. Menciona en qué viajaste, con quién, qué es lo que más recuerdas, qué te impresionó más, etc. Trata de usar expresiones familiares, tal como hablas con tu familia.

¡Adivina!

Hablo y no tengo boca,
corro y no tengo pies;
soy blanca y negra,
y se aprecia en mí lo negro que es.

La carta

Ⓝ OTAS

La **personificación** consiste en atribuir acciones o cualidades propias de una persona a las cosas inanimadas, abstractas o animales. Por ejemplo, cuando decimos que "la mañana ríe" o que "el alma suspira".

Prepárate para leer

Basándote en las notas que acabas de leer y en el título, ¿de qué te imaginas que trata el poema? ¿Por qué?

La Vida
Eduardo Montejo

La Vida toma aviones y se aleja,
sale de día, de noche, a cada instante
hacia remotos aeropuertos.

La Vida se va, se fue, llega más tarde,
es difícil seguirla: tiene horarios
imprevistos, secretos,
cambia de ruta, sueña a bordo, vuela.

La Vida puede llegar ahora, no sabemos,
puede estar en Nebraska, en Estambul,°
o ser esa mujer que duerme
en la sala de espera.

La Vida es el misterio en los tableros,°
los viajantes que parten o regresan,
el miedo, la aventura, los sollozos,
las nieblas que nos quedan del adiós
y los aviones puros que se elevan
hacia los aires altos del deseo.

Estambul: *ciudad de Turquía*
tableros: *paneles*

13

Autor **Eduardo Montejo (1938)**

Nació en Caracas, Venezuela. Escribe poesía y prosa. Entre sus libros de poesía se cuentan: *Elegos* (1967), *Terredad* (1978), *Alfabeto del mundo* (1986) y *Adiós al siglo XX* (1992). Ha publicado dos colecciones de ensayos, *La ventana oblicua* (1974) y *El taller blanco* (1983). "La vida" pertenece a su libro *Algunas palabras* (1976).

Después de leer

En grupos, contesten y discutan las siguientes preguntas.

1. ¿Qué significa que la vida sale a cada instante hacia remotos aeropuertos?
2. ¿Cómo explicarían Uds. la expresión "la vida vuela", de acuerdo al poema?
3. Según el poema la vida sale, pero también la vida puede llegar ahora. ¿Qué quiere decir esto?
4. ¿Qué significa que la vida tiene horarios imprevistos?
5. La última estrofa del poema compara la vida con un aeropuerto. ¿Cómo interpretan esto?
6. ¿Qué significa que la vida es como "los aviones puros que se elevan / hacia los aires altos del deseo"?
7. ¿Cuántas veces utiliza el autor la figura literaria de la personificación? ¿Cuáles son? Expliquen.

AMPLIACIÓN

Escribe dos párrafos en los que discutas la idea de que la vida es como un viaje.

¡Adivina!

Sin ser ángel tengo alas,
sin ser auto tengo motor,
y viajo sobre las aguas
sin ser yate ni vapor.

El avión

NOTAS

El **lenguaje** de un artículo se adapta a los lectores. O sea, el periodista debe utilizar las palabras y frases que despierten el interés del público al que va dirigido el artículo. El que te ofrecemos aquí es para jóvenes. Tiene un tono muy informal, usa el "tú" para dirigirse al lector y emplea un lenguaje cotidiano.

Prepárate para leer

Piensa en un viaje que hiciste. ¿Qué le aconsejarías a un amigo o amiga que quiere hacer el mismo viaje?

¿Qué información crees que vas a obtener del siguiente artículo?

Viajes

Así que te pasarás unos días o más (¡qué envidia y qué chévere!) en otra ciudad o en un país que no conoces. ¡Yuuupi! Ya era hora, ¿no? Para que disfrutes ese "escape" al máximo, sigue estos "tips"…

Investiga un poquito sobre el sitio adonde irás y los lugares que hay para ver. Tomando en cuenta las cosas que te gustan, descubre si existen buenos museos, teatros, discotecas, zoológicos o curiosidades especiales. Qué actividades pueden realizarse° allí: si esquí sobre nieve, equitación, etc. Por otra parte, pregunta también si debes hacer algún tipo de reservaciones por adelantado.

realizarse: *hacerse*

15

Asegúrate de que llevas la ropa apropiada para el clima y para las actividades que piensas realizar. Por ejemplo: si esperas pasártela en una zona rural, llevar 3 pares de zapatos de tacón alto no es muy práctico, que digamos (¡auch!!!).

Si vas a un país donde hablan un idioma que no dominas, trata de aprenderte de memoria frases simples, que puedas necesitar: "Gracias", "De nada", "Lléveme al hotel" y "¿Dónde están los chicos guapos?", son realmente ¡de rigor! Además, lleva un buen diccionario de bolsillo.

Okey, amiguita, ahora vamos a leerte la cartilla:° Si viajas a una ciudad que no conoces, la lógica te dice que no sabes cuáles son los barrios peligrosos (¡en todas partes los hay!). No salgas sola a explorar, ve siempre acompañada y consulta en el hotel o con un guía. ¡Arma un buen grupo!

Apostamos a que no llevas una cantidad ilimitada de dinero. Haz un presupuesto real de cuánto puedes gastar al día en comida, souvenirs, transportación, etc. Trata, en lo posible, de ceñirte° a él. Ah, y recuerda: las tiendas y restaurantes para turistas suelen ser más caros que los que son para la población del lugar. ¡Mucho ojo con tu plata!°

Las fotos o los videos son un recuerdo muy agradable de cualquier viaje. Para estar segura de que no regresas con muchos "close up" de tu nariz, familiarízate con la cámara —de fotos o de video— antes de tomar el avión, el barco o la nave espacial (por si te vas a otro planeta…).

Publicado en la revista *Tú internacional*

---

leerte la cartilla: *decirte las normas*

ceñirte: *adaptarte, seguir*   **plata:** *dinero*

Después de leer

A. Contesta las siguientes preguntas.

1. ¿Qué opinas de un artículo de este tipo?

2. ¿Crees que da consejos útiles? ¿Por qué?

3. ¿Piensas que es útil tanto para chicas como para chicos? ¿Por qué?

4. ¿Qué palabras en español usarías en vez de las palabras "tips", "okey" y "close up"? Escribe una frase con cada una.

B. En el artículo se utilizan mandatos informales para cada uno de los consejos. Por ejemplo: (llevar: él/ella lleva) Lleva ropa cómoda.

1. Copia dos frases del artículo "Viajes" en las que aparecen los mandatos de los verbos "ir" y "hacer".

2. ¿En qué se diferencian los mandatos de los verbos *ir* y *hacer* de los verbos *investigar, tratar, salir, preguntar* y *asegurarse*?

AMPLIACIÓN

En parejas, escriban una lista de cinco consejos que le darían a unos jóvenes que van a hacer uno de los siguientes viajes:

La selva del Amazonas (cinco días).

Alaska en barco (cuatro días).

Costa Rica en autobús (una semana).

CAPÍTULO 2

NATURALEZA

Algunas veces los seres humanos olvidamos que somos parte de la naturaleza. Sin embargo, sería imposible enumerar todos los beneficios que obtenemos de ella. Los bosques, por ejemplo, han sido llamados los "pulmones del planeta", pues purifican la atmósfera de la contaminación producida por las fábricas e industrias. Costa Rica, en Centroamérica, posee uno de los bosques tropicales más hermosos del mundo, donde se conservan raras especies de animales y plantas.

En este capítulo, conoceremos a personas que han dejado las ciudades para irse a vivir al bosque lluvioso dedicarse con pasión a estudiar la naturaleza. También sentiremos, a través de la lectura, la sensación de vivir en armonía con la naturaleza y veremos lo que piensa un árbol sobre la vida de los seres humanos.

¡A LEER! (1)

NOTAS

El **mensaje** en una obra literaria es el conjunto de ideas que el autor quiere darnos más allá de los hechos narrados en la historia. Suelen ser ideas o enseñanzas que se pueden aplicar a situaciones de la vida en general.

Autor **Eduardo Gudiño Kieffer (1935)**

Nacido en Santa Fe, Argentina, Gudiño Kieffer dejó su profesión de abogado para dedicarse completamente a la literatura. Ha publicado libros para niños y adultos. Entre ellos: *Para comerte mejor* (1968), *Fabulario* (1969), *Un ángel en patitas* (1984) y *No me pises los pies* (1971). El cuento que presentamos a continuación ha sido tomado de la antología de escritores argentinos *Caramelos surtidos* (1988).

Prepárate para leer

Piensa en todos los productos que los seres humanos obtenemos de la naturaleza, como los remedios, el papel, los muebles, etc. ¿Crees que es posible conservar la naturaleza y aprovecharla a la vez? ¿Cómo?

Lee el título y mira las ilustraciones. ¿Quiénes son los personajes de la lectura?

ALGUNA VEZ

Eduardo Gudiño Kieffer

Los árboles mayores, que se erguían° casi
hasta tocar el cielo con sus copas agudas,°
hablaban con el árbol pequeño que crecía
entre ellos.

—Alguna vez —decían—; alguna vez
serás alto como nosotros y como nosotros
podrás ver el lago allá abajo, engarzado°
como una joya verde o azul entre las
montañas verdes o azules. Alguna vez,
alguna vez…

El viento, cuando descendía hasta la
altura del árbol pequeño, también hablaba
con él.

—Vengo de todas partes y lo sé todo…
Conozco los bosques, las montañas, los
campos, las ciudades de los hombres…
Alguna vez, cuando te eleves tanto como
los otros árboles, te contaré cosas…
Alguna vez, alguna vez…

erguían: *levantaban*
agudas: *en punta*
engarzado: *incrustado*

Al llegar la primavera, cuando los pájaros venían en busca de calor y de alimento, el árbol pequeño tenía más noticias del mundo que aún no alcanzaba a ver. Los pájaros piaban:°

—Hay sitios donde todo es arena, hay sitios donde todo es nieve, hay sitios donde todo es agua… Alguna vez, cuando seas más alto y más sólido, haremos nuestros nidos en tus ramas y te contaremos todo lo que sabemos… Alguna vez, alguna vez…

Y el pequeño árbol seguía inmóvil, repitiendo con todas sus hojas tiernas esas palabras excitantes y promisorias:° "Alguna vez, alguna vez…" Pero ese "alguna vez" era lento, lentísimo. Porque los árboles no crecen tan rápidamente como los seres humanos. Lo que para nosotros es un año, para ellos es un siglo. Lo que para nosotros es una vida para ellos es apenas un suspiro. El pequeño árbol se impacientaba.° Y preguntaba cosas a la lluvia, al granizo,° a la nieve; preguntaba cosas a las bandadas de aves que pasaban volando por el cielo; preguntaba cosas a las nubes, a los rayos del sol, a los insectos que trepaban por su corteza… Todos sabían cosas y cosas, todos conocían el mundo, todos parecían sabios y aventureros, todos terminaban diciéndole: "Alguna vez, alguna vez…"

Una tarde, por fin, sucedió algo. Pasó junto al pequeño árbol un hombre de barba oscura y ojos tristes conduciendo de la brida° a un asno gris. Montada en el asno iba una mujer muy hermosa, muy pálida, muy dulce.

Se detuvieron y el hombre dijo:

—Esto es lo que necesito. Perdóname, pequeño árbol, pero debo cortarte. —Y un hacha hizo la primera herida en la madera joven. El árbol suspiró y sangró un poco de savia.° El dolor era intenso, el hacha penetraba cada vez más en su carne vegetal; se sentía débil, indefenso, solo. Y no lamentaba tanto su sufrimiento físico, como ese "alguna vez" que perdía para siempre. Después el hombre cortó el árbol en trozos de escaso tamaño, y los acomodó en el morral.° En cada trozo el árbol seguía viviendo. Llegaron a un lugar donde había un buey y otros animales. Allí el hombre tomó los trozos, los cepilló, los pulió, los ensambló. Y el árbol quedó transformado en una cunita rústica. Una cunita que al mecerse° parecía gemir "alguna vez, alguna vez…" Todavía no había comprendido su destino. Pero esa noche, justamente a las doce, sintió un débil vagido.°

Una extraña música y una extraña luz envolvieron inmediatamente el lugar; se escuchaba un sedoso revoloteo de ángeles y el llanto del niño que acababa de nacer parecía más bien un canto. El árbol hecho cuna sintió que depositaban entre sus maderas cubiertas de heno° tibio, el cuerpecillo de la criatura. Y la sintió moverse suavemente en su interior. Y de pronto supo que "alguna vez" había llegado. Que ni los árboles altísimos, ni el viento, ni los pájaros, ni las nubes, habían experimentado nunca la gloria de ese momento que él gozaba cuando ya no era árbol sino cuna, cuando al fin de su vida vegetal marcaba el principio de una vida humana.

---

piaban: *cantaban (sonido de los pájaros)*
promisorias: *que prometen*   **impacientaba:** *perdía la paciencia*   **granizo:** *lluvia helada*   **brida:** *rienda que se pone a los caballos*

savia: *líquido que circula en las plantas*   **morral:** *bolsa*   **mecerse:** *balancearse*   **vagido:** *quejido*
heno: *paja*

A. En parejas, completen los espacios en blanco con la palabra correcta: *gozaba, piaban, inmóvil* y *agudas*. Consulten el glosario.

> **1.** Cuando el motor no funciona el carro está _____ .
>
> **2.** Cuando era niño _____ en el parque de diversiones.
>
> **3.** Las cimas de las montañas son _____ , pues terminan en punta.
>
> **4.** Los pájaros _____ pidiendo comida y sus gritos se escuchaban desde lejos.

B. Contesta las siguientes preguntas.

> **1.** ¿Quién es el personaje principal del cuento?
>
> **2.** ¿Cómo es el árbol?
>
> **3.** ¿Quiénes le traían noticias del mundo al árbol? ¿Qué le decían?
>
> **4.** ¿A qué se refiere el título del cuento?
>
> **5.** ¿Por qué se impacientaba el árbol pequeño?
>
> **6.** ¿Qué era lo que más lamentaba el árbol cuando lo cortaron?
>
> **7.** ¿Cómo cambia la actitud del árbol al final del cuento?

C. En grupos, digan cuál o cuáles de las siguientes opciones son correctas según la lectura.

> **1.** Hay distintas maneras de realizarse en la vida.
>
> **2.** Es bueno sacrificarse por los demás.
>
> **3.** La vida humana es lo más importante.
>
> **4.** Es malo tener ilusiones.

AMPLIACIÓN

Escribe dos párrafos donde desarrolles la opción del ejercicio C que tu grupo escogió como la más correcta.

REFRÁN

De la mar, el mero; del monte, el carnero.

NOTAS

En la poesía se reflejan las sensaciones que percibimos a través de los sentidos: la vista, el oído, el tacto, el gusto y el olfato. En una **sinestesia** se mezclan las sensaciones de dos sentidos diferentes. Aquí tenemos un ejemplo de sinestesia que se usa en el lenguaje de todos los días: *El ritmo caliente de la música hizo que todos bailaran.* En ella mezclamos una sensación que se percibe con el tacto (el calor), con una que se percibe con el oído (el ritmo). Así, mezclando dos sentidos, el tacto y el oído, se expresa muy claramente cómo es la música.

Autor **Octavio Paz (1914)**

Poeta y ensayista mexicano, nació en Mixcoac, en la Ciudad de México. Octavio Paz es uno de de los poetas hispanoamericanos más importantes del siglo XX y una de las voces más brillantes de la poesía en lengua castellana. En 1990 recibió el premio Nobel de Literatura. Paz escribe sobre la soledad, el amor, la creación poética y la identidad mexicana. Algunos de sus libros son: *El laberinto de la soledad* (1950), *Salamandra* (1962) y *Calamidades y milagros* (1937-1947). El poema "Niña" pertenece a *Libertad bajo palabra* (1940).

Prepárate para leer

Cuando das un paseo al aire libre, ¿qué sensaciones te produce?
Mira la ilustración y el título. ¿Qué relación crees que hay entre ellos?

niña

Octavio Paz

Nombras el árbol, niña.
Y el árbol crece, lento y pleno,
anegando los aires,
verde deslumbramiento,
hasta volvernos verde la mirada.

Nombras el cielo, niña.
Y el cielo azul, la nube blanca,
la luz de la mañana
se meten en el pecho
hasta volverlo cielo y transparencia.

Nombras el agua, niña.
Y el agua brota, no sé dónde,
bajo la tierra negra,
reverdece la flor, brilla en las hojas
y en húmedos vapores nos convierte.

No dices nada, niña.
Y nace del silencio
la vida en una ola
de música amarilla;
su dorada marea
nos alza a plenitudes,
nos vuelve a ser nosotros, extraviados.

Después de leer

A. Escoge la opción que más se acerca al significado de la palabra original, según se usa en el poema.

1. "Nombrar" quiere decir:
   - **a.** mencionar
   - **b.** llamar
   - **c.** repetir

2. "Anegar" significa:
   - **a.** decir que no
   - **b.** llenar
   - **c.** completar

3. "Deslumbramiento" quiere decir:
   - **a.** asombro
   - **b.** ceguera
   - **c.** ilusión

4. La palabra "plenitud" significa:
   - **a.** satisfacción
   - **b.** hambre
   - **c.** ansiedad

5. "Extraviados" quiere decir:
   - **a.** nerviosos
   - **b.** en exceso
   - **c.** perdidos

B. En parejas, respondan las siguientes preguntas.

1. ¿Por qué dice el poeta que el árbol nos vuelve verde la mirada?

2. ¿Qué sensación les comunica el verso que dice que el cielo y la luz se meten en el pecho hasta volverlo cielo y transparencia?

3. ¿Qué pasa cuando la niña nombra el agua?

4. ¿Cuál es el efecto del silencio?

5. ¿Por qué dice el poeta que estamos extraviados?

AMPLIACIÓN

En grupos, busquen las sinestesias en el poema. Expliquen qué sensación les produce su uso en este poema.

NOTAS

Los **artículos** sobre ciencia y técnica difunden conocimientos científicos con un lenguaje sencillo. A través de su lectura, podemos conocer y disfrutar mejor de la naturaleza, y al mismo tiempo influir en su cuidado y conservación. En el artículo que presentamos a continuación, el periodista describe el tema de manera simple, a la vez que incluye términos de la biología como "artrópodos", "biodiversidad" y "dimorfismo".

Prepárate para leer

Si tuvieras que vivir lejos de la ciudad, ¿qué lugar escogerías: la montaña, el bosque, la orilla del mar...? ¿Por qué?

Mira el título y las fotos. ¿Qué información crees que vas a encontrar en el siguiente artículo?

El Museo de joyas del bosque lluvioso

(Adaptación)

Un naturalista estadounidense y su esposa han escogido el bosque lluvioso de Costa Rica para crear una singular exposición de animales. Son miles y miles, y todos son diferentes. Algunos son tan grandes como en las pesadillas, otros son tan pequeños como chips de computadoras. Algunos llaman la atención con sus brillantes rojos o azules, como si siempre estuvieran bajo las luces del reflector, mientras otros imitan casi a la perfección la arena, la piedra o la hoja sobre la que se posan. Son los artrópodos, invertebrados° de cuerpo segmentado y esqueleto exterior duro. Si esta descripción no lo satisface, podemos decir que son artrópodos las arañas, las chinches, los escarabajos, las mariposas y hasta los cangrejos. Pero la mejor forma de conocerlos es visitando el Museo de joyas del bosque lluvioso de Richard Whitten. Allí encontrará no menos de 50.000. Whitten y su esposa escocesa, Margaret, trajeron los especímenes° de los Estados Unidos a Costa Rica. El viaje fue casi tan difícil como formar la colección. "Tuvimos que sacar los alfileres a cada uno y colocar con delicadeza al animal sobre algodón". Desde el principio, la idea del museo fue educativa. "Hemos recibido a unos 8.000 estudiantes en siete meses, y a turistas de casi todo el mundo. Es sencillo enseñar biodiversidad con los artrópodos. Con ellos se puede ver y entender el mimetismo y camuflaje, relaciones de predador° y presa, dimorfismo sexual.° Aquí les hablamos de por qué en algunas especies los machos y las hembras son tan diferentes. Por ejemplo, en muchos casos las hembras se esconden entre las hojas para no ser descubiertas cuando desovan,° mientras que los machos se engalanan de vivos colores para atraer a las hembras". "El amor por estos animales me viene desde la niñez", dice Whitten acomodándose el sombrero de explorador que nunca se separa de su cabeza. "Nací y crecí en el sur del estado de Louisiana (EE.UU.), en una zona llena de pantanos. Mi padre, que era biólogo, mi hermano, que también es biólogo y yo, íbamos mucho al bosque. Desde los cinco años me enseñaron cómo buscar bajo piedras y cortezas". ¿Cómo consigue Richard Whitten estos tesoros? "Hay muchas formas de recogerlos. La imagen más

popular es la del loco cazando mariposas con una red." Pero la experiencia de medio siglo como coleccionista le enseñó que hay métodos más efectivos. "Para atrapar arañas se puede dejar una jarra abierta con un insecto muerto adentro, y la araña entrará a tomarlo durante la noche. Cuando está oscuro, las mariposas de noche son atraídas por la luz ultravioleta, y así se les puede agarrar".

Whitten no cree que los seres humanos tengan el derecho de decidir

invertebrados: *sin vértebras*
especímenes: *especies de animales o plantas*
predador: *animal que mata a otro para comérselo*
dimorfismo sexual: *diferencias entre el macho y la hembra de una misma especie*
desovan: *ponen los huevos que contienen las crías.*

qué especies deben vivir y cuáles deben condenarse a desaparecer. De hecho, ése es el principal mensaje que intenta transmitir a quienes visitan el museo: "Me gustaría que la gente reconociera cuán frágil es el medio en el que vivimos. El increíblemente rico bosque lluvioso, que ocupa una pequeña parte del planeta, está siendo destruido a una velocidad asombrosa, el área de una cancha de fútbol por segundo, y todo lo que se pierde, se pierde para siempre". El destacado naturalista considera el cuidado de las especies en el bosque lluvioso como una responsabilidad personal y afirma que Costa Rica, el país que eligió para vivir el resto de sus días después de dar vueltas por medio mundo, es un pequeño milagro de la naturaleza.

Publicado en la revista *Join Us*, Costa Rica

Después de leer

A. En parejas, completen los espacios en blanco con una de estas palabras del artículo: *pesadilla, mimetismo, presa, engalanan, corteza, pantano.*

1. El ratón es una _____ muy preciada por el gato.

2. Las calles se _____ con adornos en las Navidades.

3. Un sueño desagradable es una _____.

4. Los animales se confunden con el paisaje a través del _____.

5. En un _____ hay muchos mosquitos.

6. La _____ de los árboles protege a éstos de la intemperie.

B. En parejas, contesten las siguientes preguntas.

1. Además de los mencionados, ¿qué otros artrópodos conocen?

2. ¿Cómo comenzó Whitten a interesarse por los artrópodos?

3. ¿Qué métodos para atrapar insectos se mencionan en el artículo?

4. ¿Creen que los seres humanos influyen en la naturaleza? Expliquen su respuesta con ejemplos.

5. ¿Cómo se puede evitar la destrucción de los bosques?

6. ¿Cómo imaginan a un naturalista?

7. ¿A qué otros naturalistas famosos conocen?

8. ¿Qué otro método se les ocurre para capturar insectos?

AMPLIACIÓN

En grupos, hagan una lista de 10 cosas que harían para proteger y conservar la naturaleza.

CAPÍTULO 3

NOTICIAS

Cada día, al escuchar ver o leer las noticias, nos ponemos en contacto con el mundo. Ellas forman parte de nuestras vidas pues, al informarnos, nos provocan ideas y emociones. La variedad de información es tan amplia que debemos seleccionar lo que leemos, vemos y escuchamos, y tener siempre una actitud crítica. La información influye en nuestro modo de pensar de tal manera que algunos escritores imaginan que los periódicos tienen vida propia, y que se transforman al pasar de mano en mano. Otros piensan que los diarios pueden contener las más extrañas y sorprendentes noticias. En el capítulo siguiente conocerás a algunos de estos autores.

NOTAS

Los **juegos de palabras** muestran la creatividad e imaginación de los escritores y hacen más atractiva la lectura. Se realizan mezclando el significado de palabras que se parecen mucho entre sí. En la siguiente lectura vas a disfrutar de la manera en que Julio Cortázar juega con las palabras.

Autor **Julio Cortázar (1914–1984)**

Nacido en Bruselas de padres argentinos, Cortázar es uno de los escritores más importantes de Hispanoamérica. En su estilo se mezclan la poesía, la prosa y el ensayo. En sus libros la fantasía se combina con la realidad, una de las características del género fantástico al que pertenecen. Cortázar declaró que el género fantástico "lejos de ser lo contrario de la realidad cotidiana, es una de las formas de interpretarla y enriquecerla". Su obra incluye: *Bestiario* (1957), *Rayuela* (1977) y *Libro de Manuel* (1973). El texto que presentamos a continuación ha sido tomado de *Historias de Cronopios y de famas* (1962).

Prepárate para leer

Entre los diarios y revistas que se venden en tu ciudad, ¿cuál es tu favorito? ¿Por qué?

Observa el título y las ilustraciones de la lectura. ¿Qué ideas relacionadas con los periódicos te sugieren?

El diario a diario

Julio Cortázar

Un señor toma el tranvía después de comprar el diario° y ponérselo bajo el brazo. Media hora más tarde desciende° con el mismo diario bajo el mismo brazo.

Pero ya no es el mismo diario, ahora es un montón de hojas impresas° que el señor abandona en un banco de plaza.

Apenas queda solo en el banco, el montón de hojas impresas se convierte otra vez en un diario, hasta que un muchacho lo ve, lo lee, y lo deja convertido en un montón de hojas impresas.

Apenas queda solo en el banco, el montón de hojas impresas se convierte otra vez en un diario, hasta que una anciana lo encuentra, lo lee, y lo deja convertido en

diario: *periódico*   **desciende:** *baja*
impresas: *publicadas*

empaquetar: *envolver, hacer paquetes*
acelgas: *tipo de*

Después de leer

A. En parejas, contesten las siguientes preguntas.

1. ¿Qué juego de palabras sugiere el título?

2. ¿Cuál es el personaje principal del cuento?

3. ¿Qué metamorfosis sufre el diario?

4. ¿Cuándo ocurren estas metamorfosis?

5. ¿Por qué dice el autor que los diarios sirven para envolver acelgas después de las metamorfosis?

B. Escribe una oración con cada una de las palabras glosadas.

AMPLIACIÓN

Escribe una composición describiendo un nuevo recorrido del diario.

proverbio

Las malas noticias siempre llegan.

¡A LEER!

2

NOTAS

Un **cuento fantástico** es una narración breve que trata sobre acontecimientos que no son posibles en la realidad. Generalmente mezcla la realidad y la imaginación, lo que le da al cuento un tono misterioso o inesperado.

Autor **Guillermo Samperio (1948)**

Es uno de los escritores más significativos de la literatura mexicana de hoy. Su obra incluye los más diversos géneros literarios: la crónica, el ensayo, el poema en prosa, la estampa, el relato y la novela. Ha obtenido, entre otros, el Premio Casa de las Américas (cuento) con su libro *Medio Ambiente* (1977) y el Premio Nacional de Periodismo Literario (cuento) por *Cuaderno Imaginario* (1988). Otras de sus obras son: *Gente de la ciudad* (1985/93), *Bitácora de la quietud* (poemas) (1993) y *Anteojos para la abstracción* (novela) (1994). El texto escogido pertenece a *Textos extraños* (1981).

Prepárate para leer

Piensa en los diarios y revistas que te gusta leer. ¿Crees que éstos influyen en tu modo de pensar? ¿Por qué?

Según el título y las ilustraciones, ¿qué crees que le ocurre al protagonista?

Tiempo libre

GUILLERMO SAMPERIO

Todas las mañanas compro el periódico y todas las mañanas, al leerlo, me mancho° los dedos con tinta. Nunca me ha importado ensuciármelos con tal de estar al día en las noticias. Pero esta mañana sentí un gran malestar° apenas toqué el periódico. Creí que solamente se trataba de uno de mis acostumbrados mareos. Pagué el importe° del diario y regresé a mi casa. Mi esposa había salido de compras. Me acomodé en mi sillón favorito, encendí un cigarro y me puse a leer la primera página. Luego de enterarme de que un jet se había desplomado,° volví a sentirme mal; vi mis dedos y los encontré más tiznados° que de costumbre. Con un dolor de cabeza terrible, fui al baño, me lavé las manos con toda calma y, ya tranquilo, regresé al sillón. Cuando iba a tomar mi cigarro, descubrí que una mancha negra cubría mis dedos. De inmediato retorné al baño, me tallé° con zacate,° piedra pómez° y, finalmente, me lavé con blanqueador; pero el intento fue inútil, porque la mancha creció y me invadió hasta los codos. Ahora, más preocupado que molesto, llamé al doctor y me recomendó que lo mejor era que tomara unas vacaciones, o que durmiera. En el momento en que hablaba por teléfono, me di cuenta de que, en realidad, no se trataba de una mancha, sino de un número infinito de letras pequeñísimas, apeñuzcadas,° como una inquieta multitud de hormigas negras.

Después, llamé a las oficinas del periódico para elevar mi más rotunda protesta; me contestó una voz de mujer, que solamente me insultó y me trató de loco. Cuando colgué, las letritas habían avanzado ya hasta mi cintura. Asustado, corrí hacia la puerta de entrada; pero, antes de poder abrirla, me flaquearon° las piernas y caí estrepitosamente. Tirado bocarriba descubrí que, además de la gran cantidad de letrashormiga que ahora ocupaban todo mi cuerpo, había una que otra fotografía. Así estuve durante varias horas hasta que escuché que abrían la puerta. Me costó trabajo hilar la idea, pero al fin pensé que había llegado mi salvación. Entró mi esposa, me levantó del suelo, me cargó bajo el brazo, se acomodó en mi sillón favorito, me hojeó° despreocupadamente° y se puso a leer.

---

me mancho: *me ensucio, me tiño*   **malestar:** *sensación desagradable*   **importe:** *precio*   **desplomado:** *caído*
tiznados: *sucios, manchados*   **tallé:** *restregué*   **zacate:** *fibras vegetales usadas para fregar*   **piedra pómez:**
piedra de mar que se usa para pulir   **apeñuzcadas:** *apretadas*   **flaquearon:** *perdieron fuerza*   **hojeó:** *miró las*
hojas (de un libro o periódico)   **despreocupadamente:** *sin preocupación*

A. En grupos, escojan el significado correcto de las siguientes expresiones.

1. La frase "elevar mi más rotunda protesta" significa:

   a. subir a la oficina del jefe

   b. escribir una carta de protesta

   c. protestar muy enojado ante una autoridad

2. La frase "hilar una idea" quiere decir:

   a. efectuar un proyecto

   b. comprender algo

   c. coser una ropa original

B. En parejas, contesten las siguientes preguntas.

1. ¿Quién cuenta la historia?

2. ¿Qué metamorfosis se produjo en el narrador?

3. ¿En qué momento se completa esta tranformación?

4. ¿Qué sugiere el final del cuento?

5. ¿Por qué es éste un cuento fantástico?

AMPLIACIÓN

Escribe una breve composición contando la historia desde el punto de vista de la esposa del personaje principal.

CONEXIÓN

En parejas, respondan las siguientes preguntas.

1. ¿Qué palabras se utilizan en ambas historias para nombrar el mismo objeto?

2. ¿Cuál de los relatos te gustó más? ¿Por qué?

3. ¿Qué elementos tienen en común ambas lecturas? ¿En qué se diferencian?

4. Copia el siguiente cuadro y complétalo para comparar las dos lecturas.

	El diario a diario	Tiempo libre
Tema:		
Personajes:		
Ideas principales:		

Notas

Una **enumeración** es una serie de palabras o frases separadas por pausas que no tienen necesariamente un orden lógico. En poesía se utiliza para lograr continuidad en el ritmo de las palabras y contribuye a darle sentido a una idea.

Autora Gloria Fuertes (1918)

Nacida en Madrid, España, Gloria Fuertes es conocida por sus libros de poesía para niños y adultos. En ellos combina el amor y lo social junto a sus experiencias personales. Ha publicado más de 15 títulos, entre ellos: *Aconsejo beber hilo* (1954), *Poeta de guardia* (1968), *Obras incompletas* (1977) e *Historia de Gloria* (1988). El siguiente poema pertenece a *Antología poética* (1972).

Prepárate para leer

Piensa en las últimas noticias que has escuchado o has leído. ¿Cuáles consideras las más importantes?

Mira las ilustraciones y el título. ¿Cuál crees que es el tema del poema?

De los periódicos

Gloria Fuertes

Un guante de los largos,
siete metros de cuerda,°
dos carretes° de alambre
una corona de muerto
cuatro clavos,
cinco duros° de plata
una válvula° de motor
un collar de señora
unas gafas de caballero
un juguete de niño,
la campanilla de la parroquia
la vidriera del convento,
el péndulo° de un reloj,
un álbum de fotografías
soldaditos de plomo
un San Antonio de escayola°
dos dentaduras postizas°
la ele de una máquina de escribir
y un guardapelo,°
todo esto tenía el avestruz en su estómago.

cuerda: *soga* **carretes:** *tubo de madera o metal donde se enrolla hilo* **duros:** *monedas de cinco pesetas* **válvula:** *pieza que regula el paso de un fluido* **péndulo:** *colgante* **escayola:** *yeso* **postizas:** *falsas* **guardapelo:** *joya en forma de cajita para guardar objetos de recuerdo*

Después de leer

A. En parejas, respondan las siguientes preguntas.

1. ¿Creen que la autora se burla de los periódicos? ¿Por qué?

2. ¿Cuántos verbos hay en el poema?

3. ¿Qué efecto produce la enumeración en el poema?

4. ¿Qué tienen en común el estómago del avestruz y un periódico?

B. Completa los espacios en blanco con una de estas palabras del artículo: *parroquia, dentadura, alambre, carrete.*

1. Los cables de la electricidad son de _____.

2. El cura celebra misa en la _____ los domingos.

3. El gato juega con un _____ de hilo.

4. Los leones tienen la _____ afilada.

AMPLIACIÓN

Escribe una composición utilizando juegos de palabras y enumeración. Trata de crear con ellos un personaje o una situación de tono fantástico.

CAPÍTULO 4

TECNOLOGÍA

En este capítulo te invitamos al futuro, donde naves espaciales y computadoras muestran las posibilidades de la inteligencia humana. En el siglo XX, con los avances de la tecnología, el desarrollo de todas las ciencias se ha acelerado. Los seres humanos de hoy somos más saludables y la vida cotidiana es más cómoda. Sin embargo, los avances de la ciencia y la técnica pueden causar grandes daños si no se usan adecuadamente.

En este capítulo leerás algunas historias sobre mundos imaginarios creados por la ciencia y la tecnología, que nos llevan al futuro y al pasado.

¡A LEER! 1

NOTAS

Un **microcuento** es una historia muy corta que trata de un solo tema y tiene pocos personajes. Su extensión suele variar entre unas pocas oraciones y una página. Por lo general, mezcla fantasía y realidad. En él, el autor va directamente al tema, sin detenerse en descripciones largas ni en antecedentes. Los siguientes microcuentos son de **ciencia ficción,** donde se inventan algunas consecuencias y efectos del desarrollo de la ciencia y la tecnología en el futuro de la humanidad.

Autor   **Marco Denevi (1922)**

Este escritor, nacido en Buenos Aires, Argentina, ha escrito microcuentos y relatos largos. En sus microcuentos, que él llama *falsificaciones*, Denevi trata de temas conocidos de la literatura, la historia y la vida cotidiana, y los interpreta con ironía desde su propio punto de vista. Su libro *Ceremonia secreta* (1960) fue llevado al cine, en una película con las actrices Elizabeth Taylor y Mia Farrow. Ha publicado, además, *Rosaura a las diez* (1955) con el que obtuvo el premio de la editorial Kraft, y *Ceremonia secreta y otros cuentos* (1965), al que pertenecen "Apocalipsis" y "Génesis", los microcuentos que presentamos a continuación.

Prepárate para leer

¿Cómo te imaginas la vida del futuro: más cómoda, más difícil..? ¿Por qué? Mira las ilustraciones y los títulos de los microcuentos. ¿Crees que tratan de temas religiosos? ¿Por qué?

Apocalipsis

Marco Denevi

La extinción de la raza de los hombres se sitúa aproximadamente a fines del siglo XXXII. La cosa ocurrió así: las máquinas habían alcanzado tal perfección que los hombres ya no necesitaban comer, ni dormir, ni leer, ni hablar, ni escribir, ni siquiera pensar. Les bastaba apretar botones y las máquinas lo hacían todo por ellos. Gradualmente fueron desapareciendo las biblias, los Leonardo da Vinci, las mesas y los sillones, las rosas, los discos con las nueve sinfonías de Beethoven, las tiendas de antigüedades, el vino de Burdeos,° las oropéndolas,° los tapices° flamencos,° todo Verdi,° las azaleas,° el palacio de Versalles.° Sólo había máquinas. Después los hombres empezaron a notar que ellos mismos iban desapareciendo gradualmente, y que en cambio las máquinas se multiplicaban. Bastó poco tiempo para que el número de los hombres quedase reducido a la mitad y el de las máquinas aumentase° al doble. Las máquinas terminaron por ocupar todo el espacio disponible.° Nadie podía moverse sin tropezar° con una de ellas. Finalmente los hombres desaparecieron. Como el último se olvidó de desconectar las máquinas, desde entonces seguimos funcionando.

Burdeos: ciudad de Francia con la cola y las alas negras   **oropéndolas:** aves de plumas amarillas   **tapices:** alfombras que se cuelgan en las paredes   **flamencos:** de Flandes   **Verdi:** compositor italiano de óperas   **azaleas:** tipo de flores   **Versalles:** palacio de los reyes de Francia   **aumentase:** creciese   **disponible:** que se podía utilizar   **tropezar:** chocar

Después de leer

En parejas, contesten las siguientes preguntas.

1. ¿Quién narra la historia?
2. Según la historia, ¿cuándo y por qué desaparecieron los hombres?
3. ¿Por qué creen que el autor escogió ese título?
4. ¿Cómo es el punto de vista del autor, optimista o pesimista?
5. ¿Creen que hay algo de cierto en el relato? ¿Qué es?

AMPLIACIÓN

En una composición, narra lo que les ocurre a las máquinas después de la desaparición de los hombres.

Génesis

Marco Denevi

Con la última guerra atómica, la humanidad y la civilización desaparecieron. Toda la tierra fue como un desierto calcinado.° En cierta región de Oriente sobrevivió un niño, hijo del piloto de una nave espacial. El niño se alimentaba de hierbas y dormía en una caverna.° Durante mucho tiempo, aturdido° por el horror del desastre, sólo sabía llorar y clamar° por su padre. Después sus recuerdos se oscurecieron, se disgregaron,° se volvieron arbitrarios° y cambiantes° como un sueño, su horror se transformó en un vago° miedo. A ratos recordaba la figura de su padre, que le sonreía o lo amonestaba°, o ascendía a su nave espacial, envuelta en fuego y en ruido, y se perdía entre las nubes. Entonces, loco de soledad, caía de rodillas y le rogaba que volviese. Entretanto la tierra se cubrió nuevamente de vegetación; las plantas se cargaron de flores; los árboles, de frutos. El niño, convertido en un muchacho, comenzó a explorar el país. Un día, vio un ave. Otro día vio un lobo. Otro día, inesperadamente, se halló frente a una joven de su edad que, lo mismo que él, había sobrevivido a los estragos° de la guerra atómica.

—¿Cómo te llamas? —le preguntó.

—Eva —contestó la joven—. ¿Y tú?

—Adán.

calcinado: *quemado*   caverna: *cueva*
aturdido: *confundido*   clamar: *llamar*
se disgregaron: *se dispersaron*   vago: *ligero*
arbitrarios: *caprichosos*   cambiantes: *variables*
amonestaba: *castigaba*   estragos: *daños, ruinas*

Después de leer

A. En parejas, escojan la palabra correcta para completar las oraciones: *estragos, inesperadamente, nave espacial, vago* y *amonestar.* Consulten el glosario.

1. Los astronautas viajan a otro planeta en una _____.
2. Llegamos _____. No avisamos antes de ir.
3. Si no hago la tarea, el profesor me va a _____.
4. El dibujo era muy _____. No se podían ver bien los detalles.
5. Los voluntarios repararon los _____ que causó el huracán.

B. Responde las siguientes preguntas.

1. Según el relato, ¿por qué la tierra era un desierto calcinado?
2. ¿Cómo se sentía Adán antes de encontrarse con Eva?
3. ¿Cómo crees que se sintieron los jóvenes al encontrarse? ¿Por qué?
4. ¿En qué hechos reales se basa el relato?

CONEXIÓN

1. ¿En qué se parecen "Génesis" y "Apocalipsis"? ¿En qué se diferencian?
2. ¿Cuál es la visión del autor? ¿Qué texto literario le sirvió de inspiración?
3. ¿Cuál de los dos microcuentos te gustó más ¿Por qué?

AMPLIACIÓN

Escribe un microcuento en el que desarrolles una nueva versión de una historia conocida.

NOTAS

La **rima consonante** es la repetición de los mismos sonidos (vocales y consonantes) a partir de la última vocal acentuada o tónica del verso. Por ejemplo, en los versos: "¿Qué tendrá la princesa? / los suspiros se escapan de su boca de fresa" (Rubén Darío), la palabra "princesa" rima con "fresa". En el siguiente poema podrás observar este tipo de rima.

Autora **Adela Vettier (1931)**

Nacida en la capital argentina, Buenos Aires, ha escrito cuentos y poesías para niños y adolescentes. En sus obras emplea un lenguaje sencillo y cultiva sentimentos y valores humanos positivos. Algunos de sus libros son: *Padre lobo* (1988), *Señales a otros mundos* (1993) y *Secreto de náufrago* (1994). El poema seleccionado en este capítulo pertenece a *De la mano* (1978).

Prepárate para leer

Piensa en cosas que la gente se imaginaba que iban a ser posibles en el siglo XXI y que ya han comenzado a suceder. Menciona dos.

Mira el título y la ilustración del poema. ¿Qué te sugieren?

Niño DEL FUTURO

ADELA VETTIER

Si la Tierra es pequeña para tus pies
arriba te esperarán la Luna
y los soles brillantes en el cielo oscuro,
niño del futuro.

Si amas los senderos espaciales,
en los montes azules de la altura
tendrás estaciones terminales
para vivir tu sueño de aventura.

Pero no vayas a olvidar
las flores de la Tierra en primavera,
y el hablar con tu madre por el telestar,
ella siempre te espera.

En tu mochila astronauta
pon un violín, una rosa,
y entre el radar y la antena,
dos alas de mariposa.

Después de leer

A. Busca en el poema cuatro versos que rimen. Di cuáles son las palabras que riman en ellos.

B. En parejas, contesten las siguientes preguntas.

   1. ¿Qué significa el primer verso del poema, que el niño es un gigante o que está soñando con el mundo del futuro? Explica tu respuesta.

   2. ¿Por qué dice la autora que el niño debe llevar alas de mariposas y un violín? ¿Qué representan estos objetos?

   3. ¿Qué palabras en el poema están relacionadas con la tecnología?

   4. Según el poema, ¿qué valores y sentimientos podrían faltar en el desarrollo tecnológico?

   5. ¿Crees que la autora tiene una idea negativa del futuro? ¿Por qué?

AMPLIACIÓN

Escribe una composición sobre un viaje al espacio que te gustaría hacer. Menciona adónde irías, con quién, qué te gustaría encontrar allí, qué cosas llevarías para el viaje y por qué.

NOTAS

Un **reportaje** informa sobre acontecimientos de interés general o amplía una noticia con descripciones, entrevistas e investigaciones. En el reportaje que aparece a continuación, un equipo de periodistas ha realizado una investigación seria sobre los tesoros ocultos en el fondo del mar.

Prepárate para leer

Si encontraras un documento antiguo con información acerca de un tesoro perdido, ¿qué harías para descubrir el sitio exacto donde se encuentra el tesoro?

Lee el título y mira las ilustraciones del reportaje. ¿A qué tesoros crees que se refiere?

Dónde están y cómo los rescatan

Los tesoros ocultos del fondo del mar

Raúl García Luna,
Franck Goddio y Rodolfo Bojorge

Son miles y representan miles de millones de dólares en oro, plata y objetos de arte. Están en el Mediterráneo, en el Caribe y en las costas de Sudamérica, dorado edén° de los conquistadores españoles y portugueses, y de los piratas británicos, franceses y holandeses. Los hallazgos de los galeones *San Diego* en Filipinas, *Nuestra Señora de Atocha* en Florida y *El Preciado* en el Río de la Plata dan cuenta° de una aventura fascinante y rentable, en la que la alta tecnología de hoy juega un rol fundamental.

Para los buscadores de tesoros marinos, la sonrisa de un buzo que vuelve a cubierta° es el anuncio del éxito. Y cómo se reía aquella tarde de abril del 91 el buzo Gilbert Fournier, miembro del equipo francés que buscaba —desde hacía meses— los restos° del galeón español *San Diego*, hundido en la bahía de Manila en el año 1600. Meses después, un barco plataforma de 48 metros de largo transportó un minisubmarino y un equipo formado por un médico, un grupo de 52 técnicos y fotógrafos, y 18 buzos que bajaron al fondo del mar en grupos de 4 durante 16 horas diarias. Finalmente, la contemplación° del tesoro dejó al director Gabriel Cazal —y al mundo entero— con la boca abierta. Porque el cargamento del navío mercantil *San Diego* es la más perfecta síntesis cultural-económica de la era de las grandes travesías, los naufragios, el saqueo° y la piratería. En sus podridas° bodegas había una gran cantidad de obras de porcelana china, bellos jarrones españoles con aceite de oliva, 430 monedas de plata de México y Perú, cientos de candelabros y anillos de oro y algunos restos humanos.

Los restos del *San Diego* fueron medidos por un vehículo operado por control remoto fabricado por técnicos del *National Geographic*: el robot *Geek*, cuyas cámaras de video móvil crearon una imagen tridimensional del barco hundido. De este modo se pudo saber cómo era el barco originalmente y planificar mejor los trabajos de rescate. Así, y sin ocasionar riesgos, el robot *Geek* pudo hacer más en un día que diez buzos en un mes. También se usaron transmisores acústicos, rayos láser y otras maravillas de la moderna tecnología subacuática,° pero la recolección de los tesoros perdidos se hizo íntegramente a mano.

Lo encontrado en el *San Diego* es sólo un ejemplo de las riquezas que contienen los miles de barcos hundidos en el mar, muchos de los cuales aún no

---

ocultos: *escondidos* **edén:** *paraíso* **dan cuenta:** *nos informan* **cubierta:** *parte de un barco* **restos:** *pedazos* **contemplación:** *visión*

saqueo: *robo* **podridas:** *descompuestas* **subacuática:** *que está bajo el agua*

han sido encontrados. Se calcula que miles de grandes fortunas en objetos de arte se han ido a pique y que al menos el 10 por ciento de los metales preciosos arrancados a la tierra yacen en el lecho marino, sobre todo desde fines del siglo XV. Tentados por la riqueza, a partir de 1500 España y Portugal se lanzaron a la construcción de navíos que pudieran llevar a sus arcas el fabuloso patrimonio de incas y aztecas. En México había esmeraldas engarzadas en muros palaciegos de oro puro. En Perú existían techos de oro, y paredes y caminos y muebles de plata. Los Andes rebosaban de piedras preciosas y en las costas del Pacífico se recogían a dos manos las perlas naturales. Pronto las estatuas y tesoros metálicos acumulados por generaciones de aztecas e incas fueron fundidos en toscos lingotes que se embarcaron° rumbo a Europa.

Entre los cientos de tesoros que naufragaron en aguas americanas se destacan los del estrecho de Florida. Desde allí navegaba rumbo a España la más grande flota comercial que jamás existió, bordeando las islas Bermudas y Bahamas, y atravesando el Atlántico Norte al soplo de vientos favorables. Claro que dos peligros se interponían en su ruta: los desvastadores huracanes del verano boreal y los buques piratas ingleses, franceses y holandeses. Allí, en 1950 y a sólo 10 metros de profundidad, se encontraron los restos de una flota hundida en 1733 que llevaba estatuillas, monedas de plata y oro en barras. En 1978, tras varias tentativas frustradas, se halló el galeón *Nuestra Señora de la Concepción*, arrojado por un huracán contra un arrecife° dominicano en 1641 y del que se recuperaron valores por muchos millones de dólares, y luego se

descubrió el galeón *San José* en aguas próximas a Cartagena, Colombia, hundido en junio de 1708 por piratas británicos. El precio del salvamento fue estimado en unos 10.000 millones de dólares. Pero el caso más impresionante fue el del descubrimiento del galeón *Nuestra Señora de Atocha*. Localizado por Mel Fisher en 1985, en base a una inversión personal de 14 años de estudios, viajes, zambullidas° y 8 millones de dólares —todas sus ganancias como miembro del equipo de rescate de la flota hundida en 1733—, el *Atocha*, hundido por un huracán en 1622, frente a Cayo Hueso, rindió alrededor de 400 millones de dólares en oro, plata y gemas.° En los 90, la pesquisa caribeña de los restantes galeones continúa. A juzgar por numerosas cartas marinas del siglo XVII —como la bitácora de Drake, exhibida en el Museo Nacional de París— habría miles de naufragios no detectados en los mares del mundo. Sobre todo en las costas del Pacífico desde Chile hasta Panamá y en la extensa ruta española por el Atlántico a través del temible Cabo de Hornos, tumba de centenares de veleros, mayoritariamente ingleses y holandeses. El mortífero rectángulo austral —formado por el estrecho de Magallanes, la Isla de los Estados, el Estrecho de Le Maire y El Cabo de Hornos— es un fabuloso cementerio marino, inexplorado debido a las pésimas condiciones climáticas. Por ahí pasaban —obligadamente— los ricos navíos que iban de Perú a España, y de 1849 a 1869, durante la fiebre del oro en California, todos los buques mercantes seguían ese sombrío camino para acceder a Nueva York, yendo de un océano a otro.

embarcaron: *subieron a un barco* **arrecife:** *rocas a la orilla del mar* **zambullidas:** *inmersiones* **gemas:** *piedras preciosas*

Después de leer

A. En parejas, relacionen las palabras de la columna A con las definiciones de la columna B.

 A   **B**

1. dan cuenta   **a.** barcos con mercancías

2. con la boca abierta   **b.** había gran cantidad

3. se fue a pique   **c.** sorprendido(a)

4. lecho marino   **d.** informan

5. se recogían a dos manos   **e.** fracasos

6. tentativas frustradas   **f.** naufragó

7. flota comercial   **g.** fondo del mar

B. Responde las siguientes preguntas.

1. ¿Qué equipos de alta tecnología se usaron en las búsquedas de tesoros en el fondo del mar? ¿Cómo los utilizaron?

2. ¿Qué países construyeron naves a partir de 1500? ¿Con qué propósito?

3. ¿Qué sinónimos de la palabra *nave* hay en el reportaje?

4. ¿En qué países había esmeraldas, oro, muebles de plata, perlas y piedras preciosas?

5. ¿Qué hicieron los españoles con los tesoros de los aztecas y los incas?

6. ¿Cuál era la ruta más importante de la flota comercial entre España y el Nuevo Mundo?

7. ¿Fue fácil para Mel Fisher descubrir el galeón *Nuestra Señora de Atocha*? ¿Por qué?

AMPLIACIÓN

En grupos, organicen una expedición para buscar un tesoro escondido. Hagan una lista de las cosas que deben hacer para lograrlo. Indiquen dónde creen que se encuentra el tesoro, quiénes irán, las cosas que llevarán, las investigaciones que harán antes del viaje, la estación del año y todo lo que crean necesario para tener éxito en esa aventura.

CAPÍTULO 5

LOS JÓVENES

El grupo de amigos más cercanos, aquéllos que vemos diariamente, ejerce gran influencia en nuestro modo de ser y de pensar. Al compartir nuestras vidas dentro y fuera de la escuela, vamos descubriendo juntos nuestras cualidades y defectos.

En este capítulo, algunos escritores nos hablan de sus experiencias de juventud. Un chico tímido nos dirá sus secretos y un famoso cantante nos hablará de sus preferencias y problemas, mientras un poeta nos invita a vivir la juventud con entusiasmo y alegría.

NOTAS

El **narrador** en una obra literaria es el que cuenta la historia. Generalmente la historia se narra en primera persona (yo), o en tercera persona (él o ella). Los fragmentos que aparecen a continuación están narrados en primera persona y nos dan la visión del personaje principal.

Autor Senel Paz (1950)

Los cuentos de este escritor nacido en el pueblo rural cubano de Fomento, tratan sobre los niños y jóvenes en la revolución cubana, sus ideas y sentimientos. El estilo de Senel Paz es sencillo y reproduce lo mejor del lenguaje popular. En sus obras, Paz refleja la vida de la gente común con una visión llena de ternura y espiritualidad. Algunos de sus cuentos han sido llevados al cine. Ha publicado varias colecciones de cuentos: *El niño aquel* (1980), la novela *Un rey en el jardín* (1983) y relatos como *El lobo, el bosque y el hombre nuevo* (1991).

Prepárate para leer

Piensa en tu propio carácter. ¿Estás conforme con tu forma de ser? ¿Cuáles son tus cualidades y tus defectos?

Mira el título de la lectura. ¿Qué crees que ocurre en el relato?

Como un escolar sencillo

Senel Paz

Un día recibí una carta de abuela. La iba leyendo por el pasillo tan entretenido, riéndome de sus cosas, que pasé por mi aula, seguí de largo y entré a la siguiente, donde estaban nada menos que en la clase de Español. Sin levantar la vista del papel fui hasta donde estaría mi puesto y por poco me siento encima de otro. El aula completa se rió. Arnaldo también se rió cuando se lo conté, se rió muchísimo. Nunca se había divertido tanto con algo que me sucediera a mí, y me sentí feliz. Pero no es verdad que eso pasó. Lo inventé para contárselo a él, porque a él siempre le ocurren cosas extraordinarias y a mí nunca me pasa nada. A mí no me gusta como soy. Quisiera ser de otra manera. Sí, porque en la secundaria, en la escuela del campo, a mí nadie me llama cuando forman un grupo, cuando se reúnen en el patio, ni nadie me dice que me apure° para ir a comer conmigo. Cómo me hubiera gustado que aquella vez, en la clase de Biología, cuando le pusieron un cigarro en la boca a Mamerto, el esqueleto, y nos dejaron de castigo, la profesora no hubiera dicho que yo *sí* me podía ir porque estaba segura de que yo sí que no había sido. Cómo la odié mientras pasaba por delante de todos con la aureola° dorada sobre la cabeza. Cómo me hubiera gustado haber sido yo, yo mismo. Pero qué va, yo no fui. Y de mí no se enamoró ninguna muchacha. Sobre todo no se enamoró Elena.

Y otra cosa mía es que yo todo se lo pregunto a mi menudo.° Lo tomo del bolsillo, sin mirarlo, y voy contando los escudos y las estrellas° que caen bocarriba. Las estrellas son los sí, a mí las estrellas me gustan más que los escudos. Y un día al llegar a la carretera me dije que si antes de contar doscientos pasos pasaban cinco carros azules, enamoraba a Elena; y si de la mata de coco al flamboyán° había noventa y seis pasos, la enamoraba; y si el menudo me decía que sí dos veces seguidas, la enamoraba. Pero no la enamoré. No pude. No me salió. No se me movían las piernas aquella vez para ir del banco donde estaba yo al banco donde estaba ella, tomándose un helado. Y estoy seguro de que si Elena me hubiera querido, si hubiéramos sido aunque fuera un poquito novios, habría dejado de ser como soy. Hubiera sido como Raúl o Héctor. Elena tan linda, con esa risa suya, con esa forma que tiene de llegar, de ponerse de pie, de aparecer, de estar de espaldas cuando la llaman y volverse. Lo que hice fue escribirle una carta, dios mío qué vergüenza, y a pesar de que le advertí lo secretos que eran mis sentimientos, que si no le interesaban no se lo dijera a nadie, no se ofendiera, al otro día, cuando entré a la secundaria, los de mi aula, que como siempre estaban bajo los almendros,° comenzaron a cantar que Pedrito estaba enamorado, Pedrito estaba enamorado, de quién, de quién sería. ¿Sería de Elena? De Elena era. Daría dos años de mi vida porque esto no hubiera sucedido...

que me apure: *que vaya rápido*   **aureola:** *aro de los santos*

menudo: *monedas*   **escudos y estrellas:** *caras de una moneda cubana*   **flamboyán**: *árbol con flores rojas*   **almendros:** *árboles que dan las almendras*

Entonces otros defectos míos son que todo el mundo termina por caerme bien, hasta la gente que debe caerme mal. Ricardo debió caerme mal. Y que soy bobo, no puedo ser malo. Yo voy con una basura y nadie me está mirando, nadie se va a enterar, y no puedo echarla en la calle, tengo que echarla en un cesto aunque camine cinco cuadras para encontrarlo. En un trabajo voluntario hemos adelantado muchísimo y no importa tanto que nos hagamos los bobos para descansar un poquito, y yo no puedo, no puedo dejar de trabajar ese ratico porque la conciencia me dice que yo estoy allí para trabajar. A la vez tampoco puedo continuar trabajando porque la conciencia también me dice que si sigo soy un rompegrupo, un extremista, un cuadrado,° y cuando venga el responsable va a decir que todo el mundo estaba haraganeando° excepto yo. Y mucho menos puedo pararme y decir : "Eh, compañeros, ¿qué piensan ustedes? No se puede perder tiempo,¿eh?, tenemos que cumplir la norma.° Arriba, arriba". Una vez la conciencia me hizo el trato de que si yo decía eso en alta voz me dejaba enamorar a Elena. Yo quisiera ser malo, aunque fuera un solo día, un poquito. Engañar a alguien, mentirle a una mujer y hacerla sufrir, robarme alguna cosa de manera que me reproche a mí mismo, que me odie. Siempre estoy de acuerdo con lo que hago, con lo que no estoy de acuerdo es con lo que dejo de hacer. Sé que si hiciera algo por lo que pudiera aborrecerme,° estaría más vivo y luego sería mejor. Sería bueno porque yo quiero, no como ahora que lo soy porque no me queda más remedio. He hecho prácticas para volverme malo. Antes, de pequeño, las hacía. Sabía que lo ideal era cazar lagartijas y cortarles el rabo, desprenderles los brazos, destriparlas. Pero no, porque las largatijas a mí me caen bien y a todas luces son útiles. Atrapaba moscas y las tiraba a una palangana con agua. Eso hacía.

"Ahí ahóguense". Me iba a la sala a disfrutar. No podía, pensaba en la agonía de las moscas, las moscas qué culpa tenían, y regresaba a salvarlas. Ahora tengo que buscar algo más fuerte. Tener un amigo y traicionarlo con su novia. Yo tengo que hacer eso.

El asunto es que mamá estaba una noche sacando cuentas en la mesa, muy seria, y yo estaba al otro lado, muy serio, dibujando el mismo barco ese que dibujo siempre, y levantó la vista y me miró para adentro de los ojos, hasta que dijo: "Aquí va a hacer falta que tú te beques".° Casi con temor lo dijo, y yo no respondí nada, ni con los ojos respondí y dejé de dibujar el barco. Se levantó muy cariñosa y se sentó a mi lado, me tomó las manos. "El pre° en Sancti Spiritus, con los viajes diarios —comenzó a explicarme—, dinero para el almuerzo y la merienda, todo eso, es un gasto que yo no puedo hacer. Nunca has estado lejos de la casa, no te has separado de mí y en la beca tendrás que comerte los chícharos y lo que te pongan delante, pero alégrate, hijo, porque tus hermanas van a dejar los estudios y ponerse a trabajar. Yo sola no puedo y parece que me va a caer artritis temprano. Estudia tú, que eres el varón, y luego ayudas a la familia. Pero tiene que ser becado". ¿Embullarme° a mí con la beca? Si lo que más quería yo en el mundo era irme de la casa y del pueblo para volverme otro en otro lugar y regresar distinto, un día, y que Elena me viera...

Salí rumbo a la beca una madrugada. De pronto sonó el despertador y mamá se tiró de la cama. "Niño, niño, levántate que se hace tarde y se te va la guagua".° Se levantaron también abuela y las hermanas, todas nerviosas. "Revisa otra vez la maleta —insistía mamá—. ¿Está todo? ¿La cartera? ¿Los diez pesos? ¿Y el telegrama, que lo tienes que presentar" "¿Y la medallita de la Caridad no la lleva?" preguntó abuela.

cuadrado: *demasiado exigente*   haraganeando: *siendo perezoso*   norma: *cantidad de trabajo que hay que hacer*   aborrecerme: *odiarme*

te beques: *recibas una beca*   pre: *escuela superior (en Cuba)*   embullarme: *entusiasmarme*
guagua: *autobús (en el Caribe)*

"Abuela, ¿cómo va a llevar una medalla para la beca?", protestaron las hermanas. "Que no la lleve, que no lleve. ¿A ver qué trabajo le cuesta llevarla y tenerla escondida en el fondo de la maleta?" Salimos despertando a los vecinos: "Romualdo, Micaela, Manuel, Sofía, el niño se va para la beca". "Que Dios lo bendiga, hijo". "Pórtese bien". "Espere, coja un peso para el camino". "Rajado° aquí no lo quiero,¿eh?".

Todavía junto al ómnibus mamá me encargaba: "Cuide bien la maleta. Usted haga lo que le manden, nunca diga que no, pórtese como es debido, llévese bien con sus compañeros pero si ellos hacen maldades, usted apártese. Cuide lo suyo y no preste nada ni pida prestado. Sobre todo, ropa prestada no te pongas, que luego la manchas o cualquier cosa y tú tienes todo lo de la libreta° cogido, y ¿con qué voy a pagar yo? Si vas a pasar una calle, te fijas bien que no vengan carros de un lado ni del otro, mira que en la Habana no es como aquí , allá los carros con fúuu, fúuuu". Y abuela dijo: "Cuando esté tronando no cojas tijeras en las manos ni te mires en los espejos". Y las hermanas: "A ver si ahora te ganas el carnet de militante, si dejas esa pasividad tuya y coges el carnet, que en lo demás tú no tienes problemas. Quítate la maña de estar diciendo *dios mío* cada tres minutos. Te despiertas y si tienes que decir malas palabras, dilas". "No señor —intervino abuela—, malas palabras que no diga. De eso no hay ninguna necesidad. Y que sí crea en Dios". A todo dije que sí y por fin arrancaron las guaguas de Becas, viejas, lentas y grises. Me tocó una de esas con trompas de camión, que le dicen dientusas. Ellas fueron quedando atrás, paradas en el mismo borde de la acera, diciendo adiós y adiós, mamá diciendo más adiós que ninguna, mientras amanecía, y cuando ya se perdieron, y se perdió el pueblo, me dejé caer en el asiento y me dije: "Por fin me voy de este pueblo, de este pueblo maldito que tiene la culpa de que yo sea como soy. Por fin comenzaré a ser distinto en otro lugar. A lo mejor me pongo tan dichoso que llego y lo primero que hago es conocer a Consuelito Vidal o a Margarita Balboa.° Puede que un director de cine ande buscando un actor que tenga que ser exactamente como yo soy, y me encuentra y haga una película conmigo. La ven en el cine de aquí, la ve Elena, y la gente dice, orgullosa, que ése soy yo, Pedrito, uno de este pueblo". Tomé el menudo del bolsillo y por última vez se lo prometí, me lo prometí, le pregunté si en la beca me iría bien, sí o no. De cinco veces que le pregunté, el menudo dijo tres que sí.

C. Vidal y M. Balboa: *actrices de la televisión cubana*

Después de leer

En parejas, contesten las siguientes preguntas.

1. ¿Cuál es el personaje principal? ¿Cómo es?
2. ¿Qué otros personajes hay en el cuento? ¿Cómo es cada uno de ellos?
3. ¿Por qué inventó Pedrito la historia con que comienza el relato?
4. ¿Por qué sintió vergüenza ante sus compañeros?
5. ¿Creen que la actitud de Pedrito ante los demás y ante el trabajo son "defectos"?
6. ¿Por qué está feliz Pedrito al irse del pueblo?

AMPLIACIÓN

Escribe un cuento breve de tres párrafos donde narres una experiencia que hayas compartido con tus amigos. Utiliza la primera persona. Incluye detalles sobre tu forma de ser y sobre cómo te sentías.

rajado: *acobardado*   **libreta:** *cuaderno donde se indica la ración de ropa y alimentos para cada familia*

NOTAS

El **tono** es la sensación, emoción o sentimiento que un poema produce en los lectores. El tono de un poema puede ser alegre, triste, reflexivo, nostálgico, sentimental, etc., según la impresión que sentimos cuando lo leemos.

Autor **José Hierro (1922)**

Nacido en Madrid, este poeta y ensayista es uno de los escritores más representativos de la literatura española escrita después de la Guerra Civil (1936–39). En su obra, Hierro trata sobre la transición del dolor a la alegría, sobre las emociones y la solidaridad humanas. En su estilo hay un gran cuidado de las imágenes y los adjetivos. Algunas de sus obras son: en poesía, *Alegría* (1947), *Quinta del 42* (1953) *Cuanto sé de mí* (1957), *Libro de las alucinaciones* (1964) y *Agenda* (1991). Es conocido también por sus críticas sobre literatura y pintura.

Prepárate para leer

Piensa en cuando sales con un grupo de amigos. ¿Cómo te sientes en esos momentos?

Según el título, ¿cómo crees que es el tono del poema?

Canción
José Hierro

Hay que salir al aire,
¡de prisa!
Tocando nuestras flautas,
alzando° nuestros soles,
quemando la alegría.

Hay que invadir el día,
apresurar° el paso,
¡de prisa!
antes de que se nos eche
la noche encima.

Hay que salir al aire,
desatar° la alegría,
llenar el universo
con nuestras vidas,
decir nuestra palabra°
porque tenemos prisa.
Y hay muchas cosas nuestras
que acaso no se digan.

Hay que invadir el día
tocando nuestras flautas,
alzando nuestros soles,
quemando la alegría.

alzando: *levantando*
apresurar: *aumentar la velocidad*
desatar: *soltar*
decir nuestra palabra: *expresar nuestras ideas*

Después de leer

En parejas, respondan a las siguientes preguntas.

1. ¿A quiénes creen que está dirigido el poema? ¿Por qué?

2. ¿Cómo es el tono del poema? Expliquen su respuesta.

3. ¿Por qué creen que el poema se titula "Canción"?

4. ¿Con qué otra expresión se podría sustituir la frase "de prisa"?

5. ¿Qué imágenes hay en el poema?

AMPLIACIÓN

Escribe una composición sobre qué ideas y sentimientos de los jóvenes son importantes para nuestra sociedad.

Cita

Juventud
divino tesoro

Amado Nervo

NOTAS

La **semblanza** es el retrato escrito de una persona. En ella se refleja la personalidad de un individuo a través de datos biográficos, anécdotas y opiniones.

Prepárate para leer

¿Con qué personalidad famosa del mundo hispano te gustaría encontrarte?, ¿qué le preguntarías?

Según el título, ¿cómo crees que es el carácter de Juan Luis Guerra?

JUAN LUIS GUERRA
Poeta y Músico del pueblo

Marta Madina

Si a Juan Luis Guerra le dieran una varita mágica, lo primero que haría sería reducir como mínimo su estatura a la mitad. Convertirse en una especie de duende° invisible capaz de pasar desapercibido° en el escenario frente a un público masivo y entre las ruedas de prensa° a las que se ve obligado a asistir cada vez con más frecuencia. Pero el hada madrina ya pasó su vida y lo único que le dejó fue millones de discos

duende: *personaje imaginario muy travieso* **desapercibido:** *sin ser visto*
rueda de prensa: *reunión con los periodistas*

vendidos, una fama internacional y la conciencia de que debía convertirse en el mesías dominicano. Pero ningún remedio para su peor enfermedad: la timidez. Un mal irremediable del que él asegura puede tener mejoría pero nunca cura y que achaca° a una desafortunada caída desde el tejado de su casa cuando era pequeñito (en un tiempo lo fue). Desde entonces quedó así: incapaz de abordar una recepción aún sabiendo que él es el centro de atención. Porque lo que le gusta es estar en lugares consigo mismo. Sin embargo, ahora ya ha perdido ese don de la naturaleza. Ese quizás sea el precio más duro que Juan Luis Guerra ha tenido que pagar por convertirse, casi de la noche a la mañana, en embajador dominicano en el mundo.

"La inspiración surge de la vida, del espacio, de los libros, de la pintura. Algunas veces la inspiración está al alcance de tu voz, eso ocurre cuando se convierte en una necesidad de expresión. Ese es el mejor tipo de inspiración".

Esa necesidad de expresarse fue la que le impulsó a componer por primera vez siendo sólo un adolescente. Con 16 años cantaba en el coro estudiantil del Colegio La Salle, en Santo Domingo. Pero en sus ratos libres no abandonaba una guitarra y una grabadora con las que ya empezaba a hacer los primeros experimentos de mezclas de voces. Pero su inclinación por la música viene de más atrás. Cuando vivían en Gazcue, en una casa cercana al Teatro Independencia,

con sólo seis años, Juan Luis salía al patio para ver llegar a sus ídolos que iban a actuar en el Teatro: Joselito (*El ruiseñor*) y Marisol (*Mi vida es una tómbola*) que entonces hacían furor en España. "Vivía enamorado de ella. Iba a ver todos los artistas que podía. Mi casa fue siempre una casa muy musical, hasta los aguacates cantaban. Mi padre oía los boleros de Agustín Lara, a mi mamá le encantaba la ópera italiana, y yo deliraba por los Beatles aunque no entendía nada de sus letras".

En 1980, Juan Luis, después de estudiar dos años de Filosofía y Letras en Santo Domingo, recibe una beca y se va a estudiar a la escuela de música de Berklee, en Boston. Como encargo personal, una amiga le pide que lleve una carta a Nora Vega, estudiante de Diseño en la misma escuela. Juan Luis nunca imaginó que esa carta le llevaría directamente a conocer a su futura esposa.

Nora es la más cercana a las fuentes de inspiración de su esposo. En ocasiones ella misma se convierte en musa y pasa a estar presente en canciones como *¡Ay! Mujer*, escrita cuando ella estaba embarazada.

Y otras, como *Burbujas de amor*, que ha dado la vuelta al mundo. La inspiración surgió de una chispa encendida cuando leía *Rayuela,* de Julio Cortázar.° Y ahí, Nora no puede dejar de exclamar: "En nuestra casa lo que más hay son libros. Le fascina la literatura en general y los escritores latinoamericanos en particular".

que achaca: *que atribuye*

Julio Cortázar: *escritor argentino*

Pablo Neruda, César Vallejo, Nicolás Guillén y el español García Lorca figuran entre sus predilectos. "Cuando leo a todos ellos me dan una gran envidia, entonces reconozco que lo que soy en realidad es autor de letras,° no poeta. Me siento diferente por la forma en que ellos manejan el lenguaje, por la forma en que coquetean con las palabras, con las metáforas", confiesa Juan Luis.

A veces, escribir un tema le toma un día, salen solos, como ocurrió con *Burbujas de Amor* o con *Ojalá que llueva café.* Otras, se pasa dos meses con la misma canción sin estar todavía convencido. "Me encantan las cosas que nunca he oído o escuchado. Comienzo entonces a mezclar cosas inauditas,° palabras que llegan a mi mente y que se entremezclan con mis experiencias diarias. Es una

expresión interna".

De esa mezcla surgió *La bilirrubina,* la canción que batió los récords de audencia en los conciertos por España. Sin embargo, y a pesar del éxito, es uno de los temas que más críticas ha suscitado. Las cartas y las llamadas le llovieron para aconsejarle que cambiara el término por "adrenalina" o " epinefrina", porque decir que a un paciente se le subía la bilirrubina es incorrecto. Por supuesto, sus admiradores doctores no entendían que el aludido° era un enfermo que sufría mal de amores y no la hepatitis que Juan Luis padeció cuando la escribió. "Hubo una señora ya mayor que me dijo: "me encantan tus disparates poéticos": así es como los considero, simplemente disparates poéticos".

Publicado en la revista *Más*

letras: *las palabras de una canción*
inauditas: *insólitas, sorprendentes*

aludido: *mencionado, nombrado*

Después de leer

En parejas, respondan a las siguientes preguntas.

1. ¿Qué características sobresalen en la personalidad de J.L. Guerra?

2. ¿Cuáles son las influencias musicales que lo inspiran para crear?

3. ¿Conocen ustedes a algunos de los escritores favoritos de Juan Luis Guerra? ¿Qué obras de ellos conocen?

4. ¿Creen que el compositor hizo mal en no cambiar la palabra "bilirrubina" de su canción? ¿Por qué?

5. En la entrevista no aparecen las preguntas, sólo las respuestas. ¿Qué preguntas crees que la periodista le hizo al cantante?

AMPLIACIÓN

Escribe una semblanza sobre tu cantante favorito. Incluye una canción y explica por qué te gusta tanto.

CAPÍTULO 6

RECUERDOS

Los recuerdos de la infancia son importantes para cada uno de nosotros. La gente que hemos conocido y querido, los lugares donde hemos vivido, las experiencias pasadas, muchas veces nos vuelven a la memoria cuando somos adultos. No importa dónde vivimos o qué hacemos, parte de nosotros se queda en el pasado, y parte del pasado va con nosotros por los caminos de la vida.

Los recuerdos de la infancia han inspirado a artistas, novelistas, poetas y músicos que han querido rendir homenaje a una persona o lugar que ha sido importante para ellos.

En este capítulo veremos cómo los recuerdos se manifiestan en la vida y la obra de dos autores y una cantante.

¡A LEER! 1

NOTAS

Una **balada** es una composición poética, por lo general de tono melancólico. El tema de una balada es íntimo y personal. Es un género lírico y musical. En cuanto a la forma, la balada no tiene una estructura fija, sus versos pueden ser iguales o desiguales. En la "Balada de los dos abuelos" el ritmo, propio de la poesía de Guillén, reproduce el sonido del *son*, música típica del Caribe.

Autor Nicolás Guillén (1902)

Poeta cubano, nació en Camagüey y estudió derecho en La Habana. En su poesía Guillén utiliza ritmos y dialectos afro-cubanos para expresar preocupaciones sociales. Algunos de los temas recurrentes en su obra son la explotación de la raza negra y de otros oprimidos en Cuba y en el resto del mundo. A muchos de sus poemas se les puso música. Sus libros de poesía más conocidos son *Motivos del son* (1930), *Sóngoro cosongo* (1931), *El son entero* (1947), *La paloma de vuelo popular* (1958) y *Tengo* (1964). "Balada de los dos abuelos" pertenece a *West Indies Ltd.* (1934).

Prepárate para leer

¿De dónde es tu familia? ¿Y tus antepasados?

Según el título, ¿qué crees que se dice en el poema sobre los dos abuelos?

Balada de los dos abuelos

Nicolás Guillén

Sombras que sólo yo veo,
me escoltan° mis dos abuelos.

Lanza con punta de hueso,
tambor de cuero y madera:
mi abuelo negro.
Gorguera° en el cuello ancho,
gris armadura guerrera:
mi abuelo blanco.

Pie desnudo, torso pétreo°
los de mi negro;
pupilas de vidrio antártico
las de mi blanco.

África de selvas húmedas
y de gordos gongos sordos°
—¡Me muero!
(Dice mi abuelo negro.)
Aguaprieta de caimanes,°
verdes mañanas de cocos…
—¡Me canso!
(Dice mi abuelo blanco.)
Oh velas de amargo viento,
galeón° ardiendo en oro…
—¡Me muero!
(Dice mi abuelo negro.)
¡Oh costas de cuello virgen
engañadas de abalorios…!°
—¡Me canso!
(Dice mi abuelo blanco.)
¡Oh puro sol repujado,°
preso en el aro del trópico;
oh luna redonda y limpia
sobre el sueño de los monos!

¡Qué de barcos, qué de barcos!
¡Qué de negros, qué de negros!
¡Qué largo fulgor° de cañas!
¡Qué látigo el del negrero!°
Piedra de llanto y de sangre,
venas y ojos entreabiertos,
y madrugadas vacías,
y atardeceres de ingenio,°
y una gran voz, fuerte voz,
despedazando° el silencio.
¡Qué de barcos, qué de barcos,
qué de negros!

Sombras que sólo yo veo,
me escoltan mis dos abuelos.

Don Federico me grita
y Taita Facundo calla;
los dos en la noche sueñan
y andan, andan.
Yo los junto.
         —¡Federico!
¡Facundo! Los dos se abrazan
Los dos suspiran. Los dos
las fuertes cabezas alzan
los dos del mismo tamaño,
bajo las estrellas altas,
los dos del mismo tamaño,
ansia° negra y ansia blanca,
los dos del mismo tamaño,
gritan, sueñan, lloran, cantan.
Sueñan, lloran, cantan,
Lloran, cantan.
¡Cantan!

---

escoltan: *acompañan*   **gorguera:** *pieza de la armadura o cuello con volantes usado en los siglos XVI y XVII*   **pétreo:** *de piedra, fuerte*   **gongos sordos:** *sonidos graves que produce el gong*   **caimanes:** *reptiles parecidos los cocodrilos*   **galeón:** *barco antiguo* **abalorios:** *cuentas de vidrio*   **repujado:** *labrado*   **fulgor:** *resplandor* **negrero:** *persona que se dedicaba al comercio de esclavos*   **ingenio:** *plantación de azúcar*   **despedazando:** *quebrando*   **ansia:** *preocupación*

A. Escoge la opción que más se acerca al significado de la palabra original, según se usa en el poema.

1. Una lanza es:

    a. el acto de tirar

    b. una llamada

    c. un arma primitiva

2. La frase "pupilas de vidrio antártico" quiere decir:

    a. estudiantes de la Antártida

    b. ojos claros

    c. ojos de vidrio

3. Las velas son:

    a. una fuente de luz

    b. un símbolo del sol

    c. parte de un barco

B. En parejas, respondan las siguientes preguntas.

1. ¿Cómo se caracteriza a cada uno de los dos abuelos?

2. Según esos dos retratos, ¿qué sabemos de la identidad racial o cultural de la voz que habla en el poema?

3. En el estribillo: "Sombras que sólo yo veo, / me escoltan mis dos abuelos." ¿Por qué sólo él ve las sombras? ¿Por qué dice que lo escoltan?

4. ¿Qué asocia el poeta con su abuelo blanco? ¿Y con su abuelo negro?

5. ¿Por qué el poema termina con la palabra "cantan"?

6. ¿En qué lugar del poema se interrumpe el juego de oposiciones? Explica el sentido en el final del poema.

AMPLIACIÓN

Escribe un breve relato sobre alguno(a) de tus abuelos(as). Piensa en la herencia cultural que has recibido de ellos.

proverbio

Quien bien quiere, tarde olvida

NOTAS

El **voseo** es el uso del pronombre *vos* en lugar de *tú*. Este cambio también afecta a la conjugación de la segunda persona del singular. Por ejemplo: *Vos caminás* en vez de *Tú caminas*. En el caso de los verbos irregulares se elimina el diptongo. Por ejemplo: *Vos tenés* en vez de *Tú tienes*. El voseo se utiliza en varios países de América Latina: Argentina, Uruguay, Nicaragua y Costa Rica.

Autora Poldy Bird (1944)

Nació en Entre Ríos, Argentina, y ganó su primer premio de poesía a los 13 años. A partir de los 16 años colaboró en diversos periódicos y revistas, y continuó escribiendo cuentos, poesía y artículos que siguen deleitando a los adolescentes. Varios de sus cuentos han sido traducidos al portugués, francés, italiano e inglés. Entre sus libros más conocidos están: *Cuentos para Verónica* (1970), *Cuentos para leer sin rimmel* (1971), *El país de la infancia* (1977), *Pajaritos en la cabeza* (1989) y *Cartas debajo de la almohada* (1995). "La casa donde me decían Poldita" pertenece a *Nuevos cuentos para Verónica* (1975).

Prepárate para leer

Piensa en alguien que tuvo un papel muy importante en tu niñez. ¿De qué manera influyó esa persona en tu vida?

Mira el título. ¿A qué época crees que se va a referir el relato? ¿Al pasado, al presente o al futuro?

LA CASA DONDE ME DECÍAN POLDITA

POLDY BIRD

En octubre ya mareaba el olor de las rosas. Blancas, color té, rojísimas. Con tus manos serenas y sabias y la tijera negra, las cortabas, de largos tallos, y armabas con ellas magníficos ramos en los jarrones° del comedor.

Abuela, Mamá Sara, vos° no conocías, como yo, los rincones secretos del jardín, pero te dabas cuenta si arrancábamos espuelas de caballero,° caléndulas, jazmines del cabo... y hasta veías el brevísimo claro que dejaba la falta de un ramito de jazmines del país...

Todas las tardes, con paso majestuoso, jabot° almidonado de puntillas, rodete en alto y tintineantes pulseras, dabas una vuelta por los caminitos de greda,° alta reina de mi infancia, condescendiendo a mirar a las nomeolvides.°

Abuela de envidiado costurero lleno de botoncitos de colores. Abuela de inigualables scones tapados con un repasador almidonado, sobre la mesada de la cocina, en un ingenuo intento de despistar° mi hambre.

Abuela que sabía el lenguaje de los abanicos: hacia abajo: "no puedo verte"; hacia arriba: "me interesas"; cerrado y reposando° en la falda: "no me importa"; abierto y ocultando parte del rostro, los ojos descubiertos: "te quiero"...

Abuela que sabía el lenguaje de las flores: *amarillas*, desprecio; *azules*, nunca me olvides; *blancas*, amor con futuro; *rojas*, pasión desesperada...

Cómo me gustaba oírte hablar de esas magias cotidianas,° Mamá Sara.

---

jarrones: *floreros, vasijas*   **vos:** *tú*
espuelas de caballero: *flor en forma de espuela*   **jabot:** *cuello de volantes*   **greda:** *arcilla arenosa*

nomeolvides: *flores silvestres pequeñas y azules*   **despistar:** *confundir*   **reposando:** *sobre*   **cotidianas:** *de todos los días*

Y dejarle la cabeza a tus manos que me desenredaban sin apremio, y dejarle mi corazón a tu cuidado, que le enseñaba a creer en la gente, a disculpar los errores, a abrir de par en par mi cariño como una ventana.

Viéndote sonreír, aprendí a sonreír.

Viéndote querer, aprendí a querer.

Viendo cómo te querían, aprendí que es verdad que se recoge lo que se siembra.°

Abuela que sabía el lenguaje de los sabores: si no hubieras cocinado para mí, yo nunca hubiera podido sentir esa cosa que se siente cuando uno come algo que hicieron especialmente para quererlo, para hacerle una caricia con forma de buñuelo, para darle calor pisado en el puré...

Todo lo que yo sé lo aprendí de vos.

Heredé de mi madre la poesía, la rueca para hilar las palabras... pero de vos heredé esta mujer que soy ahora.

La parte buena de esta mujer que soy ahora.

Mujer, y me parece raro decir mujer cuando hablo de mí, porque me veo siempre con tus ojos... esos ojos, Mamá Sara, que me veían "Poldita", sucia de barro las rodillas, escapándome por entre los dibujos del portón de hierro con las iniciales del abuelo que no conocí pero te dejó la costumbre del té a las *five o'clock*, el *chicken pie* y los *scons*.

Cuando cruzo la calle, tu voz me cuida: "Mirá° para los dos lados". Cuando salgo: "Ponete° perfume. Andá° a pasarte el peine. Quedaban más lindas las chicas con bucles° que con ese pelo así, llovido".

Tu amor hizo sagradas las fiestas religiosas: Navidad, Año Nuevo, Reyes... son como un homenaje a tu recuerdo...

A lo mejor yo no te dije nunca estas cosas, pero vos las debés° haber adivinado: mirándote hacerlo aprendí a coser botones, a hacer dobladillos,° a zurcir, a freír huevos, a cocinar una salsa, a doblar las servilletas, a armar un ramo, a hacer un moño, a saludar, a sentir que la familia debe ser un nudo apretado.

¿Te dije alguna vez cuánto te quería?

¿Te dije alguna vez cuánto te necesitaba?

Y ahora también, Mamá, que me dan ganas de correr a comprarte una tetera de regalo, un jabot de regalo, una canasta de flores de regalo para tu cumpleaños, porque cuando se llega el 25 de octubre la primavera no es más primavera, todo es tu cumpleaños, y vos seguís° siendo la reina de la casa donde me decían Poldita, la casa que es mentira que tiraron abajo y no tiene rosales, es mentira, Mamá, porque la tengo toda construida dentro de mi corazón. Toda guardada intacta para vos, para las dos, para transitar otra vez por sus cuartos y

---

que se siembra: *que se planta*   **mirá:** *mira*
ponete: *ponte*

andá: *anda*   **bucles:** *rizos*   **debés:** *debes*
dobladillos: *doblez cosido en el borde de una tela*   **seguís:** *sigues*

A. En parejas, completen los espacios en blanco con una de estas palabras del artículo: *despistar, tintinean, siembra, costumbre* y *rueca.*

1. Mi madre _____ tomates en el jardín.

2. Me encanta oír cómo _____ tus pulseras cuando mueves las manos.

3. Es una _____ que tengo; me levanto y hago ejercicio por una hora antes del desayuno.

4. Para _____ a los ladrones, es bueno dejar luces encendidas en la casa cuando uno se va.

5. Con su _____, la señora hila lana para tejer suéteres.

B. Contesta las siguientes preguntas.

1. ¿Cuál es el tema del relato?

2. ¿Cuáles son los sentimientos de la autora hacia su abuela?

3. ¿Qué actividades asocia la narradora con su abuela?

4. ¿Qué aprende de ella?

5. ¿Qué consejos le daba Mamá Sara a Poldita?

6. ¿Por qué dice la autora que "es mentira que tiraron abajo" la casa donde vivía su abuela?

C. En grupos, digan cuál o cuáles de las siguientes opciones son correctas.
El mensaje que nos da la autora del relato es:

a. Ella y su abuela nunca se dijeron que se querían.

b. La gente que uno quiere nos enseña a ser como somos.

c. El amor de los miembros de nuestra familia es muy importante en nuestra vida.

AMPLIACIÓN

Escribe dos párrafos donde desarrolles alguna de las ideas del ejercicio C.

NOTAS

Un **reportaje descriptivo** retrata situaciones, personajes, lugares o cosas. Como en todo texto periodístico, el tema debe ser de interés general. En este caso se trata de una persona famosa.

Prepárate para leer

¿Qué artistas hispanos conoces? ¿Cómo fue su infancia?
Según el título y las fotos, ¿cómo imaginas a Linda Ronstadt?

Linda Ronstadt
El espejo de dos culturas

JOSÉ RONSTADT

Sus raíces son profundas. La historia de su familia es un hermoso bordado° de música y lenguaje, de rica tradición, del México de ayer y de siempre. Es también reflejo del encuentro de dos culturas, espejo del

bordado: *combinación*

63

mexicoamericano y del suroeste de Estados Unidos. Cuando Fred Ronstadt cruza la frontera entre México y Estados Unidos para llegar a la ciudad de Tucson, Arizona, en 1882, comienza la historia de una de las familias pioneras de Arizona. La historia de los Ronstadt es la historia misma de este estado fronterizo. Sus sueños y aspiraciones,° fracasos y realidades, no son muy diferentes a las de miles de inmigrantes que día a día han cruzado la frontera. La crónica de la familia revela cómo Fred Ronstadt, al momento de cruzar la línea divisoria, escuchó a su padre Federico Augusto decirle:

"Ésta es la tierra de la oportunidad". Palabras que hacen eco en las mentes de los que sueñan con una vida mejor, motivándolos a cruzar al norte. "El Norte", tierra soñada donde nuestras raíces mexicanas jamás pierden vigencia° porque nuestro idioma permanece palpitante. Y ahí, en el lenguaje español, es

donde varias generaciones de mexicanos y chicanos se encuentran y renacen. Es en ese punto de partida, donde la noche del 9 de mayo de 1986, en Tucson, Arizona, renace una de las más auténticas expresiones del folklore mexicano: la música del mariachi y su nueva embajadora, Linda Ronstadt.

Aquel 9 de mayo, la Conferencia Internacional del Mariachi presentaba como artista invitada a Linda Ronstadt. Rubén Fuentes, el conocido compositor mexicano, presentía el papel de protagonista que Linda habría de tener: "Linda llevará la música del mariachi adonde jamás ha llegado", dijo Fuentes. Meses después, nos daría dos álbumes, *Canciones de mi padre* y *Más canciones*, junto a una exitosa gira musical por todo el país.

Linda, la cantante de rock, de pop, de jazz, de *country and western*, reafirmaba la legitimidad de su rica herencia cultural. Nadie lo sentía más que un hombre de cabellos blancos y porte bravío. "Mi padre influyó mucho en mí con su música", expresó con voz serena Gilberto Ronstadt. "Yo espero haber tenido la misma influencia sobre mis hijos". Su sueño se había hecho realidad. Su hija había interpretado la música que su padre Federico había mantenido imborrable en su familia.

Don Gilberto recuerda bien esa noche: "No me da pena admitir que esa noche lloré". A pesar de que Linda ha sido parte integral de las diferentes expresiones de la cultura popular desde que tenía 18 años, para

aspiraciones: *ambiciones*   **vigencia:** *de hoy en día*

muchos hispanos era desconocida. "La gente cuando no te ve cree que no existes", indica Linda. "Algunos insisten en que he cambiado, pero yo no canté rock hasta que tenía 17 años mientras que la música mexicana la he cantado toda mi vida".

A través de don Gilberto uno comprende la rica herencia mexicana que formó la tierra firme en que Linda se expresa artísticamente. "Mi padre creció con la revolución mexicana de trasfondo",° recuerda don Gilberto. "La música de aquellos tiempos era algo que llevaba en su sangre. Mi abuelo había sido coronel del ejército de Ignacio Pesqueira. Con ellos vinieron los corridos de la revolución. Canciones como *La Adelita, La cucaracha*, las cantaba mi padre". Y con orgullo agrega: "La música de esos días era de gran interés para todos los mexicoamericanos de Tucson. Mi padre, a pesar de haberse hecho ciudadano estadounidense, siempre hizo lo que pudo para que no se nos olvidara lo que él adoraba. Así crecimos."

Linda habla de soñar en español. De canciones grabadas en el paisaje de su memoria que luchan por escaparse. En ella la música es un rito, una experiencia mística.° Mágico recuerdo de su niñez, de sus tardes y noches cantando y tocando la guitarra con sus hermanos Michael y Peter, su hermana Susie y don Gilberto. Para ella "la música es para identificar tus sentimientos, no para crearlos. Para ayudarnos a

nombrar lo que estamos sintiendo". Esa forma de sentir fue moldeada en sus primeros ocho años de vida. Es la edad de su subconsciente, donde aprendió las canciones de su padre; donde "me quedaba dormida en la casa de papá, con mis tíos cantando y hablando español".

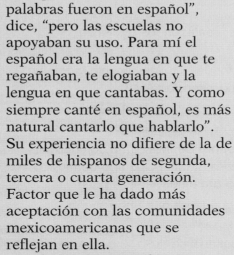

Linda Ronstadt admite que no es bilingüe. "Mis primeras palabras fueron en español", dice, "pero las escuelas no apoyaban su uso. Para mí el español era la lengua en que te regañaban, te elogiaban y la lengua en que cantabas. Y como siempre canté en español, es más natural cantarlo que hablarlo". Su experiencia no difiere de la de miles de hispanos de segunda, tercera o cuarta generación. Factor que le ha dado más aceptación con las comunidades mexicoamericanas que se reflejan en ella.

El idioma español seguirá siendo el denominador común entre Linda Ronstadt y los hispanos de este país. La herencia cultural que su abuelo Fred y su padre Gilberto le legaron° seguirá siendo la fuente en que habremos de encontrarnos. Ella sigue soñando en voz alta las canciones de su infancia.

trasfondo: *referencia*   **mística:** *espiritual*   **legaron:** *dejaron en herencia*

A. En parejas, completen los espacios en blanco con una de estas palabras del artículo: *generación, vigencia, aspiraciones, mística, aceptación.*

   1. El candidato tiene _____ de llegar a presidente.

   2. La _____ de nuestros abuelos no está acostumbrada a las computadoras.

   3. La música tradicional todavía tiene _____ para muchos jóvenes de hoy en día.

   4. Mucha gente desea la _____ de sus tradiciones culturales.

   5. La experiencia de la música puede ser _____ o religiosa.

B. En parejas, contesten las siguientes preguntas.

   1. ¿De dónde es originalmente la familia de Linda Ronstadt?

   2. ¿Qué decía el bisabuelo de la cantante sobre los Estados Unidos?

   3. ¿Qué tipos de música ha cantado Linda Ronstadt? ¿Qué tipo de música ayudó a difundir en este país?

   4. ¿Por qué crees que Linda sueña en español?

   5. ¿Qué influencia tuvo su padre en sus gustos musicales?

   6. ¿Qué recuerdo de su infancia te pareció interesante? ¿Por qué?

AMPLIACIÓN

Piensa en un hispano o hispana famoso(a) que te guste. Escribe un reportaje descriptivo de dos o tres párrafos. Relee la información de las Notas.

CAPÍTULO 7

VIDA DIARIA

La comida, los recuerdos, los objetos que nos rodean... forman parte de la vida diaria. No parecen importantes, pero son las cosas que echamos de menos cuando estamos lejos. Ellas nos ayudan a sentirnos parte de una tradición, parte de un mundo que empezó antes que nosotros y que seguirá después con nuestros hijos y nietos.

¿Alguna vez, al abrir un viejo libro, recordado cómo lo obtuviste o quién te lo dio? ¿Alguna vez has saboreado una comida que te ha hecho recordar a gente y lugares? En este capítulo veremos cómo dos poetas se inspiran en las cosas cotidianas y cómo el arte popular refleja este tema.

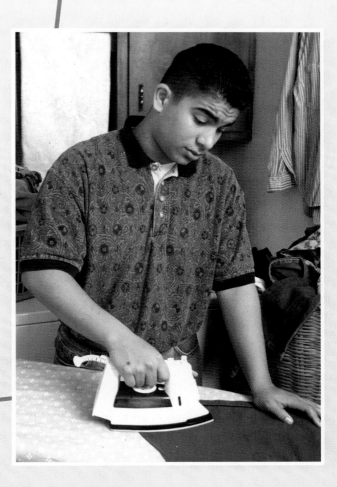

NOTAS

Una **oda** es un poema en el que se exaltan las cualidades de un objeto o persona. Tiene su origen en la antigua cultura griega. Esta oda de Neruda, como todos los poemas de su colección *Odas elementales*, es interesante porque usa una forma tradicionalmente reservada para temas elevados y nobles para elogiar un elemento de la vida diaria.

Autor Pablo Neruda (1904–1973)

Pablo Neruda nació en Parral, Chile, y es uno de los poetas latinoamericanos más amados de este siglo. Desde niño escribía poemas y su obra es tan original como voluminosa y variada. Es conocido especialmente por sus poemas de amor, *Veinte poemas de amor y una canción desesperada* (1924), y su poesía realista, que refleja su amor por la humanidad y su exaltación de la vida cotidiana: *Canto general* (1950), *Residencia en la tierra I y II* (1934–1935) y las *Odas elementales* (1954–1957) del cual ha sido tomado el siguiente poema. A través de estas odas, Neruda llegó a un público poco cultivado por los poetas: el hombre de la calle, el campesino y el obrero.

Prepárate para leer

Piensa en tu fruta favorita. ¿Qué ideas o sensaciones te vienen a la mente? ¿Qué crees que quiere comunicar el autor a través de ese tema?

Mira las ilustraciones y el título del poema. ¿Crees que la "Oda al tomate" tiene un tono serio, nostálgico o irónico?

ODA al TOMATE

Pablo Neruda

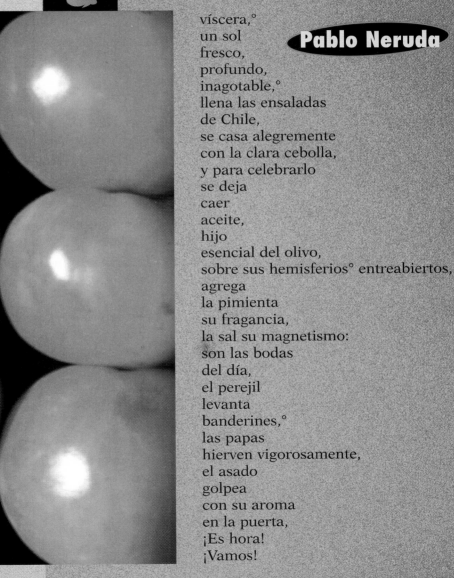

La calle
se llenó de tomates,
mediodía,
verano,
la luz
se parte
en dos
mitades
de tomate,
corre
por las calles
el jugo.
En diciembre
se desata°
el tomate,
invade
las cocinas,
entra por los almuerzos,
se sienta
reposado
en los aparadores,°
entre los vasos,
las mantequilleras,
los saleros azules.
Tiene
luz propia,
majestad benigna.°
Debemos, por desgracia,
asesinarlo:
se hunde
el cuchillo
en su pulpa viviente,
es una roja

víscera,°
un sol
fresco,
profundo,
inagotable,°
llena las ensaladas
de Chile,
se casa alegremente
con la clara cebolla,
y para celebrarlo
se deja
caer
aceite,
hijo
esencial del olivo,
sobre sus hemisferios° entreabiertos,
agrega
la pimienta
su fragancia,
la sal su magnetismo:
son las bodas
del día,
el perejil
levanta
banderines,°
las papas
hierven vigorosamente,
el asado
golpea
con su aroma
en la puerta,
¡Es hora!
¡Vamos!

se desata: *se suelta, se libera*
aparadores: *armarios*
benigna: *benévola, buena*

víscera: *entraña*
inagotable: *que no se termina*
hemisferios: *las dos mitades de una esfera*
banderines: *pequeñas banderas*

A. Usa las siguientes palabras en una frase, teniendo en cuenta cómo están empleadas en el poema. Recuerda que también puedes usar el glosario para encontrar algunas definiciones.

1. *reposar;* _____

2. *majestad;* _____

3. *entreabierto;* _____

4. *fragancia;* _____

5. *vigorosamente;* _____

6. *esencial;* _____

B. En parejas, contesten las siguientes preguntas sobre el poema.

1. ¿Cómo describe Neruda el tomate?

2. ¿Qué momento del día evoca el poeta en *Oda al tomate*?

3. En tu opinión, ¿cuál crees que es el propósito del poema?

4. ¿Cuáles son los sentimientos del poeta hacia lo que describe en el poema?

5. ¿Cómo es el tono del poema? Encuentra palabras o frases que justifiquen tu respuesta.

C. En grupos, decidan cuáles de los siguientes adjetivos describen el poema *Oda al tomate*. Expliquen su respuesta.

a. chistoso   **d.** íntimo

b. irónico   **e.** lírico

c. sincero   **f.** formal

AMPLIACIÓN

Escribe una oda sobre tu comida favorita. Describe la comida y también la forma en que se prepara y se come. Puedes usar símiles y metáforas para indicar qué cosas asocias con esa comida.

REFRÁN

En casa de herrero, cuchillo de palo.

NOTAS

La prosa (novela, cuento y ensayo) se divide en párrafos con un tema en común. La poesía, en cambio, se divide en **estrofas**. De la misma forma que varias frases forman un párrafo, varias líneas de poesía, llamadas versos, forman una estrofa. Y cada estrofa de un poema, en general, contiene también una idea o un tema central. En la poesía clásica, las estrofas tenían una forma rígida que seguía ciertas reglas de rima y número de sílabas. En la poesía moderna se usa mucho el *verso libre*, en el cual se mantiene la separación en estrofas, pero sin medida ni ritmo.

Autor **Ángel Crespo (1926-1995)**

Poeta, traductor y crítico español. Uno de sus temas predilectos es la realidad cotidiana. Su obra se inició en el año 1950 con el libro *Una lengua emerge*. Otras obras incluyen: *Suma y sigues* (1962), *No sé cómo decirlo* (1965), *En medio del camino* (1971), *El bosque transparente* (1983) y *Ocupación del fuego* (1991). El poema que se incluye a continuación ha sido tomado de *Quedan señales* (1952). Como crítico literario ha publicado varios estudios sobre otros autores.

Prepárate para leer

¿Cuáles son los objetos que identificas con tu casa y con tu familia?

Mira las ilustraciones y el título del poema. ¿Cuál es el tema y el tono del poema? ¿Qué crees que el poeta describirá en el poema?

Los pequeños objetos

ÁNGEL CRESPO

Los pequeños detalles de la casa:
el hilo en el tapete° abandonado,
la cerilla° en el suelo,
la ceniza,°
que pone en la baldosa° su frágil contextura,°
la uñita del pequeño recortada
al lado del zapato,
ponen gusto en los ojos que, sin dar importancia,
coleccionan imágenes de objetos que no sirven.

Se ama más a la madre por el hilo,
se acuerda uno del padre
por la cerilla y la ceniza,
y del niño por la uña y el zapato.
Los pequeños objetos que se barren,
que ya nadie recoge,
sumamente° importantes, nos recuerdan
los pequeños disgustos de la vida
y los pobres placeres, tan pequeños.

tapete: *mantel pequeño*   **cerilla:** *fósforo*
ceniza: *polvo que queda después de que se quema algo*
baldosa: *placa de cerámica que se pone en el suelo*
contextura: *textura*   **sumamente:** *muy*

A. En parejas, escriban una oración con cada una de las siguientes palabras del poema: *detalles, frágil, imagen, colecciona, recoger, disgusto.*

B. En parejas, contesten las siguientes preguntas.

    1. ¿Cuáles son los "pequeños objetos" que se describen en el poema?

    2. Según el poema, ¿qué hace uno con estos objetos?

    3. ¿Qué objeto se identifica con la madre? ¿Con el padre? ¿Con el niño?

    4. ¿Por qué son estos objetos importantes o insignificantes?

    5. ¿En qué nos hacen pensar estos objetos?

    6. ¿Cuál es el tono del poema?

C. En grupos, escojan cuáles de estas afirmaciones son ciertas según el poema.

    a. Los pequeños objetos de la vida no hacen más que quedar tirados en el piso.

    b. Los pequeños objetos a veces tienen una importancia que va más allá de su uso práctico.

    c. Los pequeños objetos pueden simbolizar la gente que queremos.

    d. Hay muchos objetos que no tienen uso.

AMPLIACIÓN

Piensa en las afirmaciones de la sección C. Escoge una y desarróllala en dos párrafos. Puedes usar ejemplos de tu experiencia personal.

CONEXIÓN

    1. ¿Qué poema te gustó más? ¿Por qué?

    2. ¿Qué sentimientos expresan ambos poetas con relación a los elementos de la vida cotidiana? Describe las similitudes y diferencias entre ellos.

    3. ¿Qué diferencias en la forma encuentras entre el poema de Crespo y la oda de Neruda? ¿Cómo es el lenguaje en cada uno?

NOTAS

Una **reseña** es un artículo en el cual se comenta algún producto artístico o cultural. Se pueden reseñar libros, conciertos, películas o exposiciones de arte, como verán a continuación. En general, las reseñas aparecen juntas en las publicaciones, como diarios o revistas, en la sección de cultura o de arte. Un crítico describe sus reacciones a lo que ha visto o leído, y da un poco de información útil para apreciar mejor la obra.

Prepárate para leer

¿Te gustan los objetos hechos a mano o te gustan más los que se hacen en serie? ¿Por qué?

Mira el título y las ilustraciones. ¿Cuál crees que será el tema del artículo?

Mestizaje artesano

POR LUIS MÉNDEZ ASENSIO

México siempre ha poseído una extraordinaria vitalidad artística, legada° por las culturas precolombinas° y fusionada después con otras tantas herencias occidentales, fundamentalmente españolas.

La exposición *México pictórico y artesano*, que se presenta en el antiguo museo de Arte Contemporáneo de Madrid, es un estupendo botón de muestra°

de esa fortaleza artística que echa raíces en buena parte de los estados mexicanos, desde Michoacán hasta Yucatán. De costa a costa.

Algo más de 200 piezas de arte popular y 38 pinturas al óleo integran esta exposición sobrada de espacio. El público es variopinto.°

Ciertamente, la artesanía popular goza en México de una salud envidiable. Y es natural que la mayoría de los visitantes se detengan

legada: *dejada*   **precolombinas:** *de antes de la llegada de Colón a América*
botón de muestra: *ejemplo*

variopinto: *de todo tipo*

con sorpresa ante las miniaturas que representan la última cena, a lo barroco, con un montón de querubines° sentados en los alerones° de lo que podría ser un porche, y con los 12 apóstoles comiéndose una raja de sandía. Surrealismo puro.

La pieza forma parte de la artesanía popular de Michoacán, uno de los estados mexicanos que más y mejor produce.

Junto a los nacimientos y las últimas cenas, también hay un hueco para los diablos. Máscaras de barro, madera y piel, todas ellas encornadas,° la mayoría de color rojo, provenientes del mismo Michoacán, pero también de Chiapas, Guerrero y San Luis Potosí.

Más allá, la esquina dedicada a la artesanía de Olinalá. Maderas revestidas de laca rayada, punteada, perfilada en oro para dar vida a baúles, cajas, floreros, alhajeros° y hasta nichos en los que descansa un Cristo ensangrentado, con su manto de púrpura.

El papel cuenta asimismo con un espacio privilegiado en esta exposición. Papel maché que sirve en México para simbolizar la muerte, bajo la forma de simpáticos esqueletos (*calacas*), y realizar semblanzas humanas, ligadas en no pocas ocasiones al mundo indígena, que sigue siendo el principal nutriente de la artesanía mexicana.

La caña, el mimbre, el hule° y el bejuco,° con el que se construyen cientos de objetos, contrastan con el metal, que encuentra una de sus mejores fraguas en Santa Clara del Cobre, en Michoacán.

Jarras, ollas y paellas de cobre martillado, con sus huellas relucientes, se confunden con otros utensilios de latón,° bronce y cinc cuya factura también es impecable. Cargada de la

experiencia que se transmiten de padres a hijos las 85.000 familias aborígenes que trabajan en estos menesteres.

El barro es otro de los materiales privilegiado en esta exposición. Y junto al barro negro de Oaxaca conviven los llamados "árboles de la vida", cuyas ramas rebosan de animales, astros y otras figuras, incluida la mítica pareja de Adán y Eva. La cosmogonía° que sale de los ojos del artesano adquiere relieve en el árbol.

Por último, la plata de Taxco, Zacatecas y Patzcuaro estiliza las vasijas y los utensilios prehispánicos hasta convertirlos en verdaderas joyas.

La pintura al óleo completa la exposición. Y existe una muestra significativa de la plástica mexicana, en la que se resume una buena porción de la temática del país.

Comenzando por los grandes del muralismo mexicano: Diego Rivera, José Clemente Orozco y David Alfaro Siqueiros. Tres monstruos de la pintura de este siglo, que arrancaron al arte su elitismo para llevarlo a los muros, a las paredes, a las calles de México, popularizándolo.

También están presentes con sus obras María Izquierdo, Pedro y Rafael Coronel, interesados en interpretar y transmitir la herencia plástica prehispánica. Y desde luego, la atormentada° y genial Frida Kahlo, que fue aceptada en el ambiente mexicanista, aunque su obra se alejara notablemente de las ideas en boga.°

En resumen, una acertada exposición, cuya representatividad es innegable, y en la que se mezclan sin sobresaltos los más exquisitos pinceles con las hábiles manos del artesano. El mestizaje, dentro del mestizaje.

---

querubines: *ángeles*   **alerones:** *alas*   **encornadas:** *que tienen cuernos*   **alhajeros:** *caja para guardar joyas*
hule: *caucho o goma elástica*   **bejuco:** *planta tropical de tallos largos y delgados*   **latón:** *aleación de cobre y zinc*   **cosmogonía:** *teoría de la formación del universo*   **atormentada:** *sufrida*   **en boga:** *de moda*

A. Completen los espacios en blanco con una de estas palabras del artículo: *estupenda, asistencia, envidiable, utensilios, reluciente, relieve.*

    1. Para dar _____ a la figura en el fondo del cuadro, le agregaré unos colores más fuertes.

    2. Algunos países, cómo México, tienen una tradición de arte popular _____.

    3. El oro _____ agrega una dimensión brillante, casi mágica, a algunas obras de artesanía.

    4. Es una muestra de arte _____; la combinación de arte tradicional y de arte contemporáneo es muy impresionante.

    5. La _____ durante los días de trabajo es menos asidua que los fines de semana.

    6. Para labrar el metal, se necesitan _____ especiales.

B. En parejas, contesten las siguientes preguntas.

    1. ¿Cuáles son los orígenes culturales de la artesanía mexicana?

    2. Según el artículo, ¿cuáles son algunos temas de la artesanía mexicana?

    3. ¿Cuáles son algunas de las regiones de México que se destacan por su artesanía?

    4. ¿Cuáles son algunos de los materiales típicos de la artesanía mexicana?

    5. ¿Quiénes son algunos de los pintores famosos cuyas obras se ven en la exposición?

    6. Según el artículo, ¿cuál es un aspecto importante de la obra de estos pintores?

AMPLIACIÓN

Escribe unos párrafos sobre algún tipo de artesanía que conozcas. Incluye el país de donde proviene, los materiales que se usan, la temática, etc.

CAPÍTULO 8

EL CAMPO

El campo representa, con frecuencia, un papel importante en la literatura hispanoamericana. Para algunos autores es el escenario ideal para la meditación y la exploración de los sentimientos de los personajes. Para otros es un símbolo de perfección y armonía que sirve como contraste frente a las presiones y la vida de la ciudad. En unos casos, el campo parece idealizado y los sentimientos pacíficos guían a sus gentes. En otros, el campo es el escenario en el que se desarrollan los conflictos sociales propios de las sociedades rurales.

En este capítulo leerás un poema en el que el poeta ve sus sentimientos reflejados en el paisaje que lo rodea; un relato donde el autor recuerda su infancia en el campo y un artículo acerca de un "nuevo" deporte, el trekking.

¡A LEER! 1

NOTAS

Las **memorias** son relatos escritos en primera persona en los cuales el autor o la autora narra, generalmente en orden cronológico, recuerdos y experiencias personales.

*Autor* **Adolfo Bioy Casares (1914)**

Escritor argentino, es uno de los grandes maestros de la literatura hispanoamericana contemporánea. Nació en Buenos Aires y pasó sus niñez en la ciudad y en el campo. A los catorce años escribió un cuento fantástico, *"Vanidad"*, y a los quince publicó su primer libro, *Prólogo* (1929). En sus relatos, Bioy refleja las diferentes maneras de hablar de la gente según el nivel social al que pertenece. Sus historias se caracterizan por una permanente ironía, humor y una mezcla de la realidad con el sueño. Entre sus novelas se destacan: *La invención de Morel* (1940), *El sueño de los héroes* (1954), *Diario de la guerra del cerdo* (1969) y *Dormir al sol* (1973). Entre sus libros de cuentos están: *El lado de la sombra* (1962) y *El gran Serafín* (1967). El siguiente fragmento pertenece a su libro *Memorias* (1994).

Prepárate para leer

Cuando piensas en el campo, ¿qué recuerdos te vienen a la mente?
Mira las ilustraciones. ¿Cuál crees que es el tema de la siguiente lectura?

78

Memorias

Adolfo Bioy Casares

Soy descendiente de estancieros° por los dos lados. Cuando yo era chico, de los campos de mi abuelo, Vicente L. Casares, quedaba San Martín, en el partido de Cañuelas. Mi otro abuelo, Juan Bautista Bioy, dejó a su muerte una estancia a cada hijo. Fueron, casi todos, buenos ejemplos de la segunda generación: gente inteligente, culta, honesta, aficionada a las mejores cosas de la vida.

Temprano, caballos y perros se vincularon a mi vida. A los tres años mi juego predilecto era imaginar que yo era un caballo; comí pasto° y mi familia me volvió a la realidad con una medicina repugnante. El sabor horrible era ingrediente necesario de los remedios de la época.

En el campo, anduve a caballo desde muy chico: primero, sentado delante de mi padre, en su caballo el *Cuervo*; después montando un gateado,° medio petiso,° que mi padre llevaba del cabestro.° Una mañana nos disgustamos y cada cual se fue por su lado. Esta vez, la de mi primer galope, fue la de mi primera caída; después, durante años, todos los días caí. En realidad andaba a caballo bastante bien, y mi amigo Coria, un gaucho joven, que me parecía viejo, me invitaba a correr liebres, a saltar zanjas° y lo que se ofreciera.

---

estancieros: *dueños de estancias o haciendas*   **pasto:** *hierba*   **gateado**: *caballo de pelo oscuro y cebreado*   **petiso:** *de poca altura*   **cabestro:** *correa*
zanjas: *surcos que abre en la tierra la corriente de un arroyo*

En una rifa gané una petisa colorada, a la que llamaron *La Suerte*. Algún día, refiriéndome a *La Suerte*, dije "mi petisa". Mi padre me corrigió: "No la llames tuya hasta que la domes°". Poco después me hizo creer que yo la había domado. Entonces creí esto y así lo conté a mucha gente. Ahora me pregunto si mi padre no inventó esa proeza mía, para darme fe y quitarme el miedo. Creí que la había domado, porque mi padre me lo

decía; los chicos son crédulos y respetuosos de la autoridad; pero también tienen buena memoria y la verdad es que yo nunca recordé los corcovos de *La Suerte*.

Después del gateado y de *La Suerte*, tuve un petiso alazán,° del Rincón de López, que me regaló mi tía Juana Sáenz Valiente, y después un caballo overo rosado,° *El Gaucho*, con el que gané numerosas carreras cuadreras.° Yo sabía de memoria algunas estrofas del *Fausto* de Estanislao del Campo, que empieza:

En un overo rosa'o
flete° nuevo y parejito

y estaba orgulloso de tener un overo rosado, pero notaba que mi satisfacción parecía inexplicable a los paisanos que preferían siempre los pelos oscuros. Por lo menos en el cuartel séptimo del partido de La Flores daban la razón a Rafael Hernández, quien se burló de Estanislao del Campo, por suponer que el overo rosado fuera un pelo prestigioso.

También tuve una sucesión de perros. Como en la vida todo se da en pares, el primer perro lo gané en una rifa. Me habían llevado al cine Grand Splendid y ahí gané un pomerania lanudo, de color té con leche, llamado *Gabriel* (hasta hoy el nombre *Gabriel* me sugiere ese color). Al día siguiente, el perro no estaba en casa. Me dijeron que lo había soñado. Sospecho que esto debió de ser falso, porque mi recuerdo del episodio del perro y de la rifa no se parecen a los recuerdos de un sueño. No volví a hablar del asunto con mis padres. Hicieron cuanto les fue posible para que yo no tuviera perros, pero al final se resignaron.

Otro episodio, amargamente cómico, y para mí doloroso, ocurrió con un bull-dog llamado *Firpo*, en honor del boxeador. Como todo bull-dog, parecía feroz y babeaba. El pobre *Firpo*, uno de los perros más fieles que tuve, soportaba mal mis ausencias y, buscándome, recorría la casa y echaba babas. Mi madre, que detestaba los perros y temía la rabia, de un día para otro lo hizo desaparecer. A lo largo de la vida, *Firpo* se me apareció en sueños, que más de una vez me dieron la ilusión de haberlo recuperado.

Los sueños fueron siempre para mí muy reales: la parte de la realidad correspondiente a la noche. A lo mejor eso empezó cuando mis padres me dijeron que había soñado al perro *Gabriel*.

domes: *amanses, hagas dócil*   **alazán:** *de color rojo canela*   **overo rosado:** *caballo con manchas rosadas y blancas*   **cuadreras:** *carreras en línea recta*   **flete:** *caballo de paseo*

A. Relaciona las palabras de la columna A con las definiciones de la columna B.

A	B
1. vincularse	**a.** que creen fácilmente
2. cabestro	**b.** hierba
3. crédulos	**c.** acto de valor
4. proeza	**d.** relacionarse
5. pasto	**e.** correa que se ata a la cabeza del caballo

B. En parejas, respondan las siguientes preguntas.

1. ¿Qué importancia tuvieron los animales en la vida de Bioy Casares?

2. ¿Por qué le hace creer el padre que ha domado a la petisa *La Suerte*?

3. ¿Por qué la madre hizo desaparecer a *Firpo*?

4. ¿Qué le dicen cuando desaparece el perro *Gabriel*? ¿De qué modo esa explicación influye en su vida?

5. ¿Qué detalles del relato revelan la sensibilidad e imaginación del niño?

6. ¿En qué partes del relato el autor utiliza cierto humor e ironía?

7. ¿Crees que Bioy Casares disfrutó su vida en el campo? ¿Por qué?

8. ¿Crees que el campo de hoy es como el de la lectura? ¿Por qué?

AMPLIACIÓN

Escribe una composición sobre alguna experiencia en el campo que se te haya quedado grabada en la memoria.

¡Adivina!

Por un camino del campo va caminando un bicho el nombre del cual ya te lo he dicho.

la vaca

NOTAS

La **imagen** es una figura literaria en la que se representa un objeto o experiencia sensorial con detalles fieles y evocativos. Las imágenes pueden ser visuales, sonoras o audititivas, táctiles y kinésicas o de movimento.

Autor **Antonio Machado (1875–1939)**

Uno de los grandes poetas españoles del siglo XX, Antonio Machado nació en Sevilla. Durante su juventud vivió en Madrid, con algunos intervalos en París. En su obra está siempre presente el paisaje de Castilla y Andalucía. En el siguiente poema, el autor refleja en el paisaje su estado de ánimo. Entre sus obras están: *Soledades* (1903), *Campos de Castilla* (1912), *Poesías completas* (1917) y *Nuevas canciones* (1924). Además de poesía, escribió con su hermano Manuel varias obras de teatro.

Prepárate para leer

¿Qué crees que significa el título de este poema? ¿Por qué?

¿Qué sentimientos o ideas crees que va a expresar el poeta en "Yo voy soñando caminos..."?

Yo voy soñando caminos...

Antonio Machado

Yo voy soñando caminos
de la tarde. ¡Las colinas
doradas, los verdes pinos,
las polvorientas encinas°!...
¿Adónde el camino irá?
Yo voy cantando, viajero
a lo largo del sendero...°
—La tarde cayendo está—.
"En el corazón tenía
la espina de una pasión;
logré arrancármela un día:
ya no siento el corazón".
Y todo el campo un momento
se queda, mudo y sombrío,
meditando. Suena el viento
en los álamos° del río.
La tarde más se oscurece;
y el camino que serpea°
y débilmente blanquea,
se enturbia y desaparece.
Mi cantar vuelve a plañir:°
"Aguda espina dorada,
quién te pudiera sentir
en el corazón clavada".

encinas: *árboles de madera dura*
sendero: *camino*
álamos: *árboles de gran tamaño de madera blanca y liviana*
que serpea: *que tiene muchas vueltas*
plañir: *gemir, lamentarse*

Después de leer

Contesta las siguientes preguntas.

1. ¿Cómo se siente el poeta en los primeros versos? ¿Qué deseo expresa en los últimos versos?

2. El viajero canta en el momento en que la tarde se hace noche. ¿Cómo logra describir la transición entre la tarde y la noche?

3. ¿Encuentras una relación entre el paisaje y el estado de ánimo del poeta? ¿Dónde?

4. ¿Qué significa que el campo "se queda... meditando": que hay silencio, o que el poeta reflexiona? Explica tu respuesta.

5. ¿En qué va pensando el poeta mientras va por el campo?

6. ¿Qué imágenes hay en el poema?

AMPLIACIÓN

Escribe una composición donde describas un paisaje que refleje tu estado de ánimo.

proverbio

Se recoge lo que
se siembra

NOTAS

Las **citas textuales** son fragmentos de un texto que se reproducen en otro texto de manera exacta, por eso se escriben siempre entre comillas. Las citas textuales se utilizan para dar credibilidad a una idea, apoyar un argumento y despertar el interés. En este artículo, Pablo Prati nos habla de su interés en el trekking incluyendo citas de expertos en el tema y de escritores famosos del siglo XIX.

Prepárate para leer

Cuando quieres estar en contacto con la naturaleza, ¿qué actividad te viene a la mente?

Lee el título del artículo. ¿Por qué crees que el trekking es tan popular?

UN BOOM LLAMADO TREKKING

Pablo Pratti

Todos sabemos que caminar es el ejercicio más saludable. Pero cualquiera que haya intentado una larga caminata por alguna de nuestras grandes ciudades se habrá llevado un chasco. Bocinazos, peligro de morir atropellado por un coche, esmog, basura. Nada más insalubre. Mejor quedarse en casa.

Por eso nació el trekking, palabrita cuyo significado ofrece distintas explicaciones. En Francia lo llaman *randonnée* (caminata). En Italia excursionismo. En España senderismo. Pero además, *trek* significa migración, viajar en carromato, como el

Gran Trek de los boers° entre 1834 y 1839, cuando dejaron la colonia de El Cabo (Sudáfrica), descontentos con la política británica, y se trasladaron a las costas de Natal y después al interior.

"Se lo publicita mucho como turismo de aventura— dice Juan Sebastián Montes, un montañista chileno que escaló el Everest— pero en definitiva es caminar al aire libre. En los Estados Unidos lo llaman *hiking*".

Para Montes es trekking ir a mirar gorilas en Kenia, caminar por el Fitz Roy° o bajar un río en el Amazonas. Lo importante es el contacto íntimo con la naturaleza en el paisaje que a uno más le guste: bosque, llanura, montaña o desierto. De las excursiones suelen participar observadores de aves y fotógrafos de fauna.

La actividad incluiría, según algunos, aspectos del campamentismo como cargar mochila, armar un fogón,° una carpa o quizá dormir al raso.° Parte del trayecto puede hacerse en bicicleta, canoa, kayak, gomón, a caballo, a lomo de mula, en camello o incluso sobre un elefante.

El término como deporte empezó a usarse por los años setenta, pero la costumbre de caminar viene de tiempos remotos. El hombre siempre disfrutó de este ejercicio. En cierto sentido, también las grandes exploraciones del siglo diecinueve constituirían antecedentes de trekkings.

Durante esa misma centuria, los intelectuales redescubrieron a la naturaleza como fuente de inspiración y se internaban por ignotos° senderos en largos paseos. El filósofo Ralph Waldo Emerson° recomendaba esas excursiones como uno de los secretos para llegar a viejo. Y Robert Louis Stevenson,° autor de *La isla del tesoro*, escribió *Viajes a pie*, libro donde transmite el deleite espiritual que se produce cuando "el caminante se va fundiendo con el paisaje". Hasta Edgar Allan Poe,° cuya especialidad eran los cuentos de terror, habló de "la felicidad experimentada en la contemplación del paisaje natural". "Me gusta mirar los valles oscuros, las rocas grises, las aguas que sonríen silenciosas —afirmó en su cuento-ensayo *La isla del hada*—, los bosques que suspiran en sueños intranquilos, las orgullosas montañas vigilantes que lo contemplan todo desde arriba".

---

boers: *colonos holandeses de África del Sur*   **Fitz Roy:** *cerro de los Andes patagónicos, entre Chile y Argentina*   **armar un fogón:** *hacer un fuego*
dormir al raso: *dormir al aire libre*   **ignotos:** *desconocidos*   **Emerson:** (1803–1882) *filósofo norteamericano*   **Stevenson:** (1850–1894) *novelista inglés*
Poe: (1809–1849) *escritor y poeta norteamericano*

EQUIPO

Los entendidos recomiendan un buen par de botas (de trekk, montaña o campo), bombachas° de campo, camisa amplia de manga larga, remeras, buzo de pile o de polartec, anorak,° sombrero de fieltro de ala ancha, pañuelo de seda para cubrirse el cuello o la boca, guantes, anteojos para el sol, crema con pantalla solar, bolsa de dormir (de duvet), colchoneta de tres milímetros de espesor y una carpa° liviana fácil de armar (hay para las cuatro estaciones). La mochila debe adecuarse a la contextura de la persona. Los otros elementos que completan el equipo son los mismos requeridos para el campamentista° (calentador, cartas topográficas, botiquín, linterna, cantimplora.)

bombachas: *pantalón de campo muy ancho con capucha*   **carpa:** *tienda de campaña*   **anorak:** *chaqueta impermeable*   **campamentista:** *persona que acampa*

Después de leer

En parejas, contesten las siguientes preguntas.

1. ¿Qué significa "trekking"? ¿Por qué es insalubre practicar este deporte en las ciudades modernas?
2. ¿Qué equipo se necesita para practicarlo?
3. Además de caminar, ¿qué otras formas de transporte puede incluir el trekking?
4. Según Emerson, ¿cuál es uno de los secretos para llegar a viejo?
5. ¿Qué quiere decir "fundirse con el paisaje"?
6. Busca en el texto el paisaje que describe Poe e imagínalo. ¿En qué momento del día las aguas pueden sonreír? ¿Qué es lo que puede producir en un bosque un sonido como de suspiros? ¿Por qué son orgullosas las montañas?

AMPLIACIÓN

Escribe una composición en la que expreses tu opinión personal sobre la importancia del contacto directo con la naturaleza.

CAPÍTULO 9

LA MODA

Vemos imágenes de la moda en las revistas, en los diarios, en las tiendas y hasta en los autobuses. Pero, ¿qué es la moda? ¿Qué significa estar a la moda? ¡La moda no es más que una idea! Ayer era ponerse flores en el cabello; hoy son los zapatos en punta; mañana serán los pantalones de pata de elefante; pasado mañana, ¿quién sabe? La manera en que nos vestimos, los colores y diseños que llevamos en la ropa, revelan nuestra personalidad. Y aunque la moda cambia constantemente, cada persona mantiene su estilo propio.

En este capítulo veremos cómo un talentoso diseñador se inspira en sus raíces culturales para crear prendas supermodernas, conoceremos a un alegre personaje que se viste de fiesta y un escritor nos hará reír con sus ideas sobre los paraguas.

NOTAS

El **humor** se logra, en un texto literario, combinando ideas y palabras de una forma inesperada. También a través de exageraciones, poniendo en ridículo a personas o cosas (caricaturas), o alterando frases hechas. Un tipo de humor es el que nos hace reír a carcajadas; otro, el que nos provoca una sonrisa de inteligencia. También se puede usar la ironía, con la cual se dice una cosa pero se sugiere lo opuesto. El texto a continuación hace uso de la ironía para producir un efecto cómico y también para comunicar un mensaje.

Autor Gabriel García Márquez (1928)

Este escritor y periodista colombiano obtuvo el premio Nobel de Literatura en 1982. En su obra mezcla hechos de la realidad con la fantasía, por lo que se lo conoce como el máximo exponente del "realismo mágico" en la literatura. Su estilo se acerca al periodismo, profesión en la que se inició García Márquez. En sus novelas y relatos refleja la identidad latinoamericana a través de los temas de la soledad, los problemas sociales y de personajes que se comportan de forma original. Sus obras más famosas son *El coronel no tiene quien le escriba* (1961), *Los funerales de la Mamá Grande* (1962), *Cien años de soledad* (1967), *Crónica de una muerte anunciada* (1981) y *El amor en los tiempos del cólera* (1985).

Prepárate para leer

¿Conoces la frase "los paraguas nunca están cuando se necesitan"? ¿Qué crees que la gente quiere decir con ella?

Lee el título y mira las ilustraciones. ¿Crees que se trata de un relato histórico, una anécdota, una descripción..? ¿Por qué?

Usos y abusos del paraguas

Gabriel García Márquez

§i se levantara un cuidadoso cuadro estadístico de los hombres que usan paraguas se establecería que cuando llegan las lluvias desaparecen los paraguas. Es natural: el paraguas es una prenda° demasiado fina, demasiado delicada y hermosa para permitir que lo destruya el agua.

El paraguas, como su nombre no lo indica, no se hizo para la lluvia. Se hizo para llevarlo colgado del brazo, como un enorme murciélago decorativo, y para facilitarle a uno la oportunidad de hacerse el inglés, cuando las condiciones atmosféricas lo exijan. Si se investigara la historia del paraguas, se descubriría que fue hecho con una finalidad muy distinta de la que quieren atribuirle° los paragüistas formales, que son aquellos equivocados caballeros que sacan a la calle el paraguas cuando parece que va a llover, no sabiendo que exponen su preciosa prenda a un lavatorio° que no figuraba en su programa.

Para la lluvia se han inventado los sombreros de corcho y los periódicos de más de ocho páginas. Más aun: antes del sombrero de corcho y los periódicos de más de ocho páginas se había inventado la lluvia precisamente para eso: para que le cayera encima al feliz transeúnte° que no tiene ningún motivo para no disfrutar de un chaparrón° de agua pura y celeste, el mejor preventivo

prenda: *pieza* **atribuirles:** *darles, aplicarles* **lavatorio:** *lavabo*
transeúnte: *persona que pasa por la calle*

que hasta hoy se ha inventado contra la calvicie.°

La disminución de los paraguas durante las épocas de lluvia demuestra que todavía quedan muchos caballeros de los que saben para qué se hizo ese árbol negro hormado° con ramas metálicas, inventado por alguien que se desesperaba ante la tentadora idea de no poder cerrar un arbusto y salir a pasear con él, colgado del brazo. Una inteligente dama ha dicho: "El paraguas es un artículo de escritorio". Y así es, y está muy bien que así sea, porque se supone que junto a cada escritorio debe de haber un perchero y en el perchero un paraguas. Pero un paraguas seco. Pues un paraguas mojado es un accidente, un barbarismo,° un error de ortografía, que es preciso abrir en un rincón hasta cuando se corrija por completo y vuelva a ser un paraguas verdadero. Una cosa de llevar por la calle, para asustar a los amigos y en el peor de los casos para defenderse de los acreedores.°

chaparrón: *lluvia fuerte y corta*   **calvicie:** *pérdida de pelo*
hormado: *formado*   **barbarismo:** *palabra mal dicha o escrita*   **acreedores:** *gente a quien uno debe dinero*

Después de leer

A. En grupos, completen las siguientes frases con ideas originales.

   1. Un paraguas mojado es un accidente porque...

   2. Los paragüistas formales son personas que...

   3. Los periódicos de más de ocho páginas sirven para...

B. En parejas, contesten las siguientes preguntas.

   1. ¿Cuál es la "verdadera" función del paraguas?

   2. ¿Qué ideas, palabras o asociaciones del texto son humorísticas?

   3. La frase "murciélago decorativo" es una asociación inesperada. ¿Qué otras asociaciones de este tipo hay en el texto?

AMPLIACIÓN

Escribe un párrafo describiendo de forma humorística un objeto o acción de la vida cotidiana. Utiliza recursos como la exageración, la ironía y la caricatura.

NOTAS

La **musicalidad** es una característica de la poesía. En sus orígenes, la poesía no se escribía, sino que se recitaba. Los poetas cantaban sus versos, agregando o eliminando partes, según la inspiración y el humor del público. La música ayudaba al poeta a recordar el poema. De ahí vienen los elementos de ritmo, rima y repetición en la poesía. La poesía moderna, que en general no se canta, retiene estos elementos, que le dan una calidad musical. La poesía puede servir de texto para canciones, como es el caso del siguiente poema, "La Tarara".

Autor Federico García Lorca (1898–1936)

García Lorca nació en Granada, España. De niño pasó mucho tiempo en el campo y adquirió gran sensibilidad hacia la naturaleza, la vida y la forma de hablar de la gente rural. Cultivó la música clásica y folklórica, en particular la música popular de Andalucía, llamada *cante jondo*. García Lorca es uno de los escritores más célebres de la literatura española. Escribió poesía y teatro. Sus temas más frecuentes son el amor, la cultura popular y los paisajes de su tierra natal. Algunas de sus obras son: en poesía, *Primer romancero gitano* (1928) y *Poeta en Nueva York*; en teatro, *Bodas de sangre* (1933), *Yerma* (1934) y *La casa de Bernarda Alba* (1936). En sus obras de teatro usa canciones tradicionales, como la que se incluye a continuación.

Prepárate para leer

Piensa en las canciones que cantabas en tu niñez. ¿Dónde las aprendiste?

Según las ilustraciones y el título, ¿de qué crees que tratará "La Tarara"?

REFRÁN

El hábito no hace al monje.

La Tarara

Federico García Lorca

La Tarara, sí;
la Tarara, no;
la Tarara, niña,
que la he visto yo.
Lleva mi Tarara
un vestido verde
lleno de volantes°
y de cascabeles.°
La Tarara, sí;
la Tarara, no;
la Tarara, niña,
que la he visto yo.
Luce° mi Tarara
su cola de seda
sobre las retamas°
y la hierbabuena.°
Ay, Tarara loca.
Mueve la cintura,
para los muchachos
de las aceitunas.

volantes: *especie de vuelos que tienen algunas prendas de mujer*
cascabeles: *bolitas de metal que al moverse suenan y sirven*
para marcar el ritmo **luce:** *lleva puesto*
retamas: *plantas con pequeñas flores amarillas*
hierbabuena: *planta medicinal de olor agradable*

Después de leer

A. En parejas, contesten las siguientes preguntas.

1. ¿Cómo logra el autor la musicalidad en el poema? ¿Qué recursos utiliza?

2. Según lo que se describe en el poema, ¿cómo es la Tarara?

3. ¿Creen que la Tarara es un personaje real o imaginario?

4. ¿Es éste un poema para niños? Explica tu respuesta.

5. Por el vestido y el ritmo del poema, la Tarara está bailando. ¿Dónde encuentran esto en el poema?

AMPLIACIÓN

Imagina un personaje de un cuento para niños. Escribe un texto breve, en prosa o en verso, donde les describas este personaje a un grupo de niños.

¡A LEER! ③

NOTAS

En una **entrevista** se obtiene información sobre un tema de interés general a través de preguntas y respuestas. En la entrevista que presentamos a continuación, se habla de una persona que ha tenido mucho éxito entre los hispanos de Estados Unidos. En ella se describen, con detalle, el ambiente, la biografía y la personalidad del entrevistado.

Prepárate para leer

¿Cuáles son tus colores y diseños de ropa favoritos? ¿Qué tipo de ropa te gusta más?

Observa el título y las ilustraciones de la entrevista. ¿Crees que los diseños de ropa reflejan un origen cultural específico? ¿Por qué?

El cubano de la moda

P. G. MANGO

*N*ueva York. Eddy Rodríguez es simpático y sin pretensiones, en otras palabras, ese tipo de cubano que todos decimos que somos. El que sea diseñador de ropa de hombre de gran éxito y presidente de una compañía con ventas proyectadas superiores a los 40 millones de dólares, no parece haberle hecho perder la cabeza.

"Nací en Varadero", y añade riéndose, "y no en la casa de los DuPont...°". Un guiño me dice que comparte conmigo esa complicidad que nos da el conocer entrañablemente° las debilidades de nuestra idiosincrasia.° "Mi abuelo cortaba caña, así que soy matancero° de verdad".

Ahora soy yo la que me río. Criado desde pequeño en Miami, qué sabrá Eddy lo que es ser matancero. Y con su título de *International Marketing*, menos todavía lo que es ser cortador de caña. Pero ésa es una pretensión que me conmueve enormemente.

Estamos en sus oficinas de la Quinta Avenida de Nueva York, aunque en una calle más abajo de la 23, lo que le añade una medida de *cool* actualizado al caché° tradicional de esa famosa calle. A pesar de que hace sólo dos días había presentado su Colección Otoño/Invierno 96, y de

DuPont: *millonario que vivió en Cuba*
entrañablemente: *con cariño*   **idiosincrasia:** *modo de ser de un pueblo o grupo étnico*   **matancero:** *originario de Matanzas, en Cuba*   **caché:** *elegancia, exclusividad*

que estábamos en el medio de una de esas semanas frenéticas típicas de la industria de la moda, allí todo es calma. Calma y madera rubia. El decorado es minimalista.° La hilera de perchas en el salón de espera me ha impresionado con su sencilla eficiencia. Me recuerdan la ropa de Eddy: estilizadas, funcionales° y confortables. Y todos sus empleados con quienes tuve algún contacto, fueron amables y abiertos. Los expertos dicen que una compañía siempre refleja al que la lleva y encabeza.

A través de las grandes ventanas de su oficina, se ve un día invernal de esos que no tienen remedio. No hay sol, no se sabe si va a llover o nevar, y hay un frío insoportable.

Y sin embargo, nosotros ni nos damos cuenta de ello. Estamos en otro mundo, en un mundo de sol y calor, transportados a él por medio de docenas de fotos habaneras con las cuales Eddy ha cubierto toda la superficie de su amplio escritorio. Fotos de un lugar y de una gente que sólo existen ahora en nuestra imaginación y memoria.

"Mi colección para la primavera próxima va a estar inspirada en ellas", me dice mientras comentamos todos los detalles del estilo, del garbo,° de los hombres en las fotos y de una que yo le llevé —intuyendo° quizás el camino que la entrevista iba a coger— de un Guillermo Cabrera Infante° muy joven.

"Todo es de hilo, todo es claro", decimos casi reverentemente,° aunque ambos estamos vestidos de negro y de lana de pies a cabeza, el negro es de rigor entre la gente de la moda en Nueva York y la lana la requiere el tiempo inclemente.

El *show* me había creado la misma ilusión. Afuera, una noche de ventoleras° frígidas, adentro una sensación tan cálida que parecíamos estar en Miami. A pesar de que la ropa en la pasarela° era para la próxima época fría y que abundaban las chaquetas, los suéteres y los colores oscuros, había algo tropical en todo. Colores brillantes —anaranjado, turquesa, amarillo, hasta azafrán— mezclados con el negro reinante y con todos los grises y todos los marrones de secundaria importancia. Colores brillantes y telas de una iridiscencia estelar que hubiesen vuelto loco al Beny.° Y el blanco una y otra vez. El blanco de las almidonadas° camisas que usaba mi padre.

---

minimalista: *muy sencillo, mínimo*   **funcionales:** *que enfatizan el uso, no la estética*
garbo: *elegancia*   **intuyendo:** *entendiendo sin necesidad de palabras*   **Cabrera**
Infante: *escritor cubano*   **reverentemente:** *con respeto*
ventoleras: *golpes de viento fuerte*   **pasarela:** *plataforma para desfiles de modas*
Beny: *popular cantante y compositor cubano*   **almidonadas:** *planchadas con almidón*

Todo eso y música latina dándole personalidad propia a escenas llamadas "Caliente" y "Delicioso", casi toda música cubana, Albita° misma, de principio a fin.

Eddy Rodríguez está en Nueva York desde 1987, cuando él y Terry Wilke dejaron sus respectivos trabajos en *Gravity,* una compañía de ropa para muchachos jóvenes, formaron la firma *Wilke-Rodríguez,* y se lanzaron a vender la idea de "vestir mejor al mayor número de hombres" por todo el país con sólo dibujos y colores pintados en pedacitos de tela como las únicas muestras. Ese primer año ya definieron el estilo que los iba a hacer famosos, y nunca se han apartado de éste, ni siquiera después de la muerte de Terry Wilke en 1992.

Ese estilo es el de Eddy mismo. Moderno y sin las restricciones del estilo masculino convencional. Uno de sus conceptos más innovadores, el del *sport-suit,* borra la barrera —tanto en el diseño como en el uso— que siempre ha diferenciado un traje de un saco deportivo.

El concepto responde a las necesidades de los 90 cuyo estilo de vida Eddy entiende como más relajado y menos formal —así que el *sport-suit* puede llevarse lo mismo a la oficina que a un restaurante.

Y otra cosa: lo único que no me gustó de la colección que vi en la pasarela, fue el abrigo final. Pero por otro lado, hubo algo lindo en que no saliera tan bien: para un cubano nacido en Varadero, el diseño de un abrigo nunca debería serle fácil.

Publicado en la revista *¡Éxito!*

Albita: *cantante y compositora cubana*

Después de leer

A. En parejas, contesten las siguientes preguntas.

1. ¿Qué detalles del ambiente hacen pensar que están en un mundo de sol y calor?
2. ¿Qué significa la frase "invierno sin remedio"?
3. ¿Qué significa la frase "iridiscencia estelar"?
4. ¿Cómo se refleja el origen étnico del entrevistado en su trabajo?
5. ¿Creen que el final del artículo da una imagen negativa del entrevistado? ¿Por qué?
6. ¿Qué cualidades tiene el entrevistado?
7. ¿En qué se inspira Eddy Rodríguez para crear su estilo?

B. En grupos, escriban una oración con cada una de las palabras glosadas.

AMPLIACIÓN

Diseña una prenda de vestir y descríbesela a tus compañeros. Incluye los colores y las telas y explica por qué escogiste ese modelo.

CAPÍTULO 10

DEPORTES

La idea de "mente sana en cuerpo sano" ha sido parte de la educación de los jóvenes desde la antigüedad. El deporte no se concibe sólo como un pasatiempo, sino como una necesidad para el desarrollo del cuerpo y la mente. Los deportes de equipo enseñan, además, a entender la importancia del trabajo de grupo hacia una meta colectiva. En cambio, los que se practican de manera individual, como la gimnasia o el atletismo, ayudan a desarrollar disciplina y control personal.

En este capítulo veremos algunos de los deportes que la gente practica, trataremos de entender por qué los practican y qué significan para ellos. El arco que hace una pelota de fútbol al ser impulsada por los aires, el placer de sentirse en forma, el orgullo de ser buen atleta, todas éstas son sensaciones que tal vez podremos ver y sentir al leer los textos siguientes.

NOTAS

La **estampa** es un género literario parecido al ensayo. El tema puede ser una persona, un lugar, o un objeto. Es una descripción breve, a menudo humorística, que se presta para el formato periodístico por su brevedad e informalidad. En general, funciona utilizando imágenes y no explicaciones.

Prepárate para leer

¿Qué importancia tienen para ti la gimnasia y los deportes?

Mira las ilustraciones y el título. ¿Qué motivos tiene la gente para hacer ejercicio y practicar deportes?

Motivos de la gimnasia sueca

ROBERTO ARLT

Yo no sé si ustedes se han fijado el calor brutal que hacía ayer. ¿No? Era una temperatura como para refugiarse en un "bungalow" y buscar media docena de bayaderas° para que con plumeros le hicieran fresco a uno. Y sin embargo vi a un hombre que se envolvía en franela. Les parecerá absurdo, pero vean cómo fue.

Terminaba a las seis de la tarde de hacer gimnasia en la Yumen (Y.M.C.A.) y estaba en el salón de armarios,°

bayaderas: *bailarinas de la India*   **salón de armarios**: *vestuario* cuando un tío° enormemente grande comienza a desvestirse a mi lado.

No fue nada eso, sino lo que hizo una vez desvestido. De un paquete que traía sacó una pieza de franela, ¡qué sé yo cuántas varas° serían!, y con ellas comenzó a liarse° el estómago y el vientre como un contrabandista de seda.

Usted hubiera abierto los ojos como platos, aunque fuera indiscreto, ¿no? Pues yo hice lo mismo. Lo miraba al gigante con los ojos y la boca abiertos. Lo miraba, y el "goliat"° de marras, sin hacerme caso, seguía enfardándose° el estómago con la franela.

Al fin, no pude contenerme y le dije, sonriendo:

—¿No tendrá usted calor al hacer ejercicios con esa franela?

—Es para enflaquecer —contestóme el otro con vozarrón de bronce. Y acto seguido, sobre el colchón de franela que le envolvía el estómago y vientre, mi gigante se endilgó° un camisetón de lana, exclusivamente útil para ir al polo;° pues en otra región lo haría sudar a un esquimal. Y acto seguido se explicó—: Los que no se enflaquecen son los que no quieren.

Luego, olímpicamente, me volvió la espalda y se dirigió a la cancha a hacerse una buena media hora de descoyuntamiento° al trote.

Y un señor que había escuchado todo lo que conversamos y que sabía quién era yo, me dijo:

—Vea, aquí en la Asociación no hay uno que no haga gimnasia sueca° por algún motivo. El hombre es de por sí haragán,° y cuando se resuelve a hacer un esfuerzo al que no está acostumbrado, es porque algo grave le pasa en el interior. Usted, por ejemplo, ¿por qué hace gimnasia?

—Me lo recomendó un médico. Estaba excesivamente nervioso.

—Ha visto. Yo, en cambio, le voy a contar una historia. Usted será discreto, es decir que no dirá que he sido yo quien se la ha contado.

—Encantado, cuénteme lo que quiera. Puedo hacer una nota con su historia.

—Sí, y allá va.

He aquí el relato del compañero de gimnasia:

—Tenía una novia con la cual corté relaciones bruscamente.° Nos dirigimos cartas atroces.° Lo grave es que yo la quería tanto, que una vez que hube cortado comprendí que me iba a ocurrir algo terrible. Enloquecía o hacía un disparate.°

Eso no hubiera sido nada si una noche, mirándome en un espejo, no observo que estaba aviejándome° por horas. Y de pronto se me ocurrió esta idea:

"Dentro de un año el sufrimiento me habrá convertido en una cáscara de hombre. Estaré flaco, agobiado° y roto. Y de pronto me vi así, pero en el futuro y en la calle. El destino me había colocado frente a mi ex

---

tío: *hombre*   varas: *medida de longitud*   liarse: *atarse, envolverse*   Goliat: *gigante bíblico vencido por David*   enfardándose: *envolviéndose*   se endilgó: *se puso*   polo: *el punto más al norte o al sur del planeta*   descoyuntamiento: *dislocamiento de las coyunturas*

gimnasia sueca: *ejercicios calisténicos*   haragán: *vago, perezoso*   bruscamente: *ásperamente*   atroces: *muy crueles*   disparate: *locura*   aviejándome: *envejeciendo*   agobiado: *fatigado*

novia, pero mi ex novia iba ahora acompañada por un magnífico buen mozo, y me miraba irónicamente, como diciendo: 'Qué poca cosa estás hecho. ¿Es posible que haya sido tan estúpida en quererte?'

"Bueno, cuando yo pensé o mejor dicho tuve la visión de mi futuro, créame, salí a la calle, pero enloquecido. Necesitaba salvarme, salvarme de la catástrofe que tenía en puerta con el agotamiento que me sobrevendría° debido a mi exceso de sensibilidad. Caminé toda la noche pensando en lo que podría hacer, de pronto me acordé de la gimnasia sueca, de la salvación física por medio del ejercicio, y créame, he pasado unos minutos de deslumbramiento° maravilloso, de una alegría como la que debieron experimentar los místicos cuando comprendían que habían encontrado la entrada del Paraíso.

"Excuso decirle que yo era un perezoso como los que pinta en sus notas.° Y algo peor todavía. Indolente hasta decir basta. Pues no dormí esa noche; fíjese, no tenía dinero, empeñé todo lo que tenía para pagar los derechos de entrada a la Yumen y dos días después estaba haciendo gimnasia.

"Usted que comienza a hacer ejercicio ahora, se dará cuenta de los efectos de la

gimnasia en un individuo físicamente agotado, espiritualmente desmoralizado. Más de una vez estuve tentado de abandonarlo todo, pero en momentos en que iba a dejar la fila se me aparecía el fantasma de esa muchacha, en compañía del otro, del otro que algún día la acompañaría por la calle. De esos dos fantasmas sólo veía yo dos ojos burlones, los de ella, diciendo: 'qué poca cosa sos', y entonces, créame, aunque estaba adolorido, con los músculos tensos, casi quemando, hacía un esfuerzo, apretaba los dientes y rabioso persistía en el ejercicio, en la ejecución perfecta de los movimientos. Y qué alegría, amigo, cuando hacemos vencer a la voluntad. Y así ya ve, de un hombre físicamente insignificante que era me he convertido en una máquina casi perfecta".

Mientras mi compañero hablaba yo sonreía. Pensaba en los recovecos° que tiene el orgullo humano. Realmente, el hombre es un animal extraordinario. Tiene posibilidades fantásticas. Y mi camarada termina.

—¿Se da cuenta? El sufrimiento que a otro le hubiera hundido a mí me salvó. Si hace la nota recomiéndele a los que tengan angustia de amor, que hagan gimnasia sueca.

No pude retener la pregunta:

—Y ella ¿nunca la vio?

—No, pero algún día nos encontraremos. ¿Y se da cuenta la sorpresa que experimentará? En vez de encontrarse con un individuo roto por la vida como el que ella conoció, se encontrará con un hombre maravillosamente reconstituido, fuerte y más interesante que el que fue.

Indudablemente, el hombre es un animal extraordinario, que cuando tiene condiciones, encuentra tangentes° inesperadas para convertirse siempre en mejor y mejor. Y quizá la verdadera vida sea eso: constante superación de sí mismo.

me **sobrevendría**: *me ocurriría*
deslumbramiento: *fascinación*　　**notas**: *los artículos del propio autor*　**recovecos**: *rincones, sitios escondidos*　　**tangentes**: *puntos de contacto*

Autor **Roberto Arlt (1900–1942)**

Escritor y periodista argentino, escribió novelas, obras de teatro y ensayos. Hijo de inmigrantes alemanes, tuvo una juventud difícil que le dio el material para sus libros. Sus dos novelas más importantes son: *Los siete locos* (1929) y *Los lanzallamas* (1931). Sus descripciones en lunfardo, el español callejero de Buenos Aires, se mezclan con expresiones personales y juegos de palabras que caracterizan el estilo del autor. "Motivos de la gimnasia sueca" pertenece a *Aguafuertes porteñas*, una colección de textos periodísticos que escribió en el transcurso de varios años, y que consisten en estampas de la vida cotidiana de Buenos Aires en la década del 30.

Después de leer

A. En parejas, llenen los blancos con una de estas palabras del artículo:
gimnasia, perezoso, orgullo, esfuerzo, agobiado, desmoralizado.

    1. Hay que hacer un _____ para superar las dificultades.

    2. El hombre insiste en mantenerse en buena condición física por _____ .

    3. Me siento completamente _____ después de una semana de trabajo intenso.

    4. A veces me dicen que soy _____ , pero en realidad soy bastante activo.

    5. Cuando me dieron la nota del examen, me sentí muy _____ .

    6. La _____ es muy buena para la circulación de la sangre y para adelgazar.

B. Contesta las siguientes preguntas.

    1. ¿Cuál es el tema de la estampa?

    2. ¿Dónde transcurre la escena del relato?

    3. ¿Qué hace el "goliat" que impresiona mucho al autor?

    4. ¿Por qué el "goliat" actúa de esa forma extraña?

    5. ¿Cuál es la motivación del amigo para hacer ejercicio?

    6. ¿Por qué hace ejercicio el narrador?

    7. ¿Qué mensaje se obtiene de la experiencia que relata el interlocutor del autor?

Cita

Mente sana en cuerpo sano

Sócrates

AMPLIACIÓN

Escribe dos párrafos desarrollando una de las ideas que aparecen en el relato.

¡A LEER! ②

NOTAS

Una **loa** es una composición escrita para celebrar algún acontecimiento notable o alabar a una persona ilustre. Tiene sus orígenes en el teatro clásico español donde aparecía como prólogo a una comedia. En la loa se elogiaba a la persona a la que estaba dedicada la obra y se describía el argumento. Contiene la repetición de ciertas palabras y frases que expresan las virtudes que se están alabando. A menudo, es un poema y apela a la persona u objeto que se está celebrando, como si fuera el interlocutor.

Autor **Juan Parra del Riego (1892–1925)**

Poeta que nace en Perú y se establece luego en Uruguay. Su poesía está inspirada en la obra del poeta norteamericano Walt Whitman y en ella canta el dinamismo contemporáneo, los deportes, las máquinas, el auto, la motocicleta, etc. Parra del Riego dice de sí mismo: "quiero, como poeta, ser para la América algo más que un lírico joven que va con su ramo de palabras bellas: quiero ser una fuerza social". Su obra poética incluye: *Blanca luz* (1925), *Himnos del cielo y de los ferrocarriles* (1925), y *Poesía*, publicada póstumamente en 1943.

Prepárate para leer

¿Has jugado al fútbol alguna vez? ¿Cómo te sentiste? ¿Te gustó?
Mira las ilustraciones y el título. ¿Sobre qué crees que será el poema?

LOA DEL FUT-BOL

Juan Parra del Riego

¡La pelota ríe y canta!
¡La pelota zumba° y vuela!
Y es el polvo una serpiente de algodón que se levanta
tras el ágil jugador que de un salto se revela.
¡La pelota zumba y vuela!

Y es la tarde que va abriendo su sombrilla de colores
sobre el campo donde están los jugadores
entre el marco de la fiesta popular:
treinta mil caras que ríen y mujeres con sus trajes
que en el viento son mensajes
que no sé dónde se quieren, tan nerviosos, escapar.

Mas, de pronto, suena el pito
que prepara la partida
Todos callan… se oye un grito
y es al fin la acometida°
en que salta la pelota,
que se va como bailando de pie en pie
por los aires una jota°
de acrobática alegría que uno casi apenas ve.

¡Jugador de blanca y roja camiseta
que, de pronto, arrebatado,
zig-zaguea, jubiloso la gran Z
de un ataque combinado
junto al otro que al cruzársele en un paso de emoción
cae al suelo y trémulo, ¡ay…!
se levanta otra vez como de una eléctrica impulsión.
Pero suena el breve pito de un opsay°
y de nuevo va rodando la pelota
que ya traza un arco-iris momentáneo sobre el cielo,

zumba: *resuena, sisea*   **acometida**: *ataque* **jota**: *baile de Aragón y de*
otras regiones de España   **opsay**: *posición adelantada de los jugadores*

y epiléptica,° rebota
en los pies que hacen con ella como encajes° por el suelo...

Mas ahora, azul y blanco, otro adversario,
se la lleva... se la lleva... se la lleva... se la lleva...
se emociona allá el golquíper° solitario,
pero surge el back,° que al salto que lo eleva
un instante es sobre el sol una escultura,
mientras ya como un cohete volador,
la pelota que se queda como un astro por la altura,
otra vez cae en el suelo con un ruido de tambor.
Y de nuevo se levanta
con su eléctrico vai-vén...

(En la tarde ya se va la luz que canta...
Vuelan pájaros al norte... Por el cielo corre un tren...)
y a un aplauso que, de pronto, hierve en toda la tribuna
cual si fuera un taponazo de botella de champán
la pelota va a decirle no sé qué cosa a la luna
que al volver llega riéndose con su pen, pin, pen, pan, pan...
Y ya loca, loca, loca,
de su alada° lijereza,
tiembla, silba, fuga y choca
de ese tórax° a esa espalda, de esa espalda a esa cabeza...
hasta que, ávida en la luz, nerviosamente
y de un grupo que es un drama de oro y tierra bajo el sol
se va como una estocada° de repente
y es un... goal!

epiléptica: *con epilepsia, enfermedad que se caracteriza por convulsiones del cuerpo* **encajes**: *tejido de mallas, lazadas o calados hecho a mano o a máquina* **golquíper**: *arquero, portero* **back**: *posición de defensa en el fútbol* **alada**: *con alas* **tórax**: *pecho* **estocada**: *golpe*

A. En parejas, escojan la descripción que más se acerca al significado de la palabra, según se usa en el poema.

1. *Zig-zaguear* significa:
   - **a.** moverse de un lado para otro
   - **b.** caerse lastimado
   - **c.** cambiar de opinión

2. *Acrobático* es:
   - **a.** un personaje del circo
   - **b.** enérgico y ágil
   - **c.** una jugada en el fútbol

3. La *tribuna* es:
   - **a.** parte de una corte
   - **b.** la cancha de fútbol
   - **c.** la sección donde están los espectadores

4. Un *astro* es:
   - **a.** una estrella
   - **b.** la pelota
   - **c.** el sonido de la pelota

5. El *adversario* es:
   - **a.** alguien de tu equipo
   - **b.** un amigo
   - **c.** el equipo opuesto

B. En parejas, respondan las siguientes preguntas.

1. ¿Qué asociaciones hace el poeta con el fútbol? ¿Cómo las expresa?
2. Describe el tono del poema.
3. ¿Qué "traza un arco-iris momentáneo sobre el cielo"?
4. ¿Qué ocurre al final del poema?
5. ¿Qué palabras y sonidos se repiten en el poema? ¿Por qué crees que el poeta pone énfasis en esas palabras o frases específicas?

AMPLIACIÓN

Escribe una composición sobre una experiencia especial que hayas tenido jugando algún deporte.

NOTAS

Los **datos** que se encuentran en un artículo son la información específica y verificable que se incluye para ampliar el conocimiento del lector sobre un tema. Pueden ser fechas y nombres de lugares, como el año o el lugar de nacimiento de un personaje histórico. También pueden ser cifras y medidas, como la altura de una montaña o el peso de una persona. Los datos son el punto de partida para una discusión más profunda acerca de un hecho o de una persona.

Prepárate para leer

¿Conoces a la persona de quien se habla en este reportaje? ¿Qué sabes sobre su profesión y su vida personal?

Mira el título y las ilustraciones. ¿De qué crees que tratará el artículo?

Indurain cumple

Juan Fernández

Mide 188 centímetros, pesa 70 kilos, tiene 31 años, el pelo moreno, los ojos castaños, está casado, adora el chorizo de su tierra, la música de Mecano y habla español.

Parecen los datos de un ser humano, pero son las señas de un super hombre. Y éstas también: tiene un corazón de siete centímetros de diámetro que late a 28 pulsaciones por minuto, capaz de disparar un chorro de 50 litros de sangre en ese tiempo. En sus pulmones caben siete litros y medio de aire y sus piernas son capaces de arrastrar una carga equivalente a 500 vatios.° Si el corazón de Indurain quiere, puede dar 195 golpes en un minuto, pero en 30 segundos, ahora sin querer, vuelve a estar en 60 pulsaciones. Indurain es así.

"Miguel Indurain es dios en el ciclismo". José Miguel Echávarri, director deportivo del equipo Banesto y una de las personas que mejor conoce al corredor *extraterrestre*, sólo acertó a pronunciar esta frase después de alcanzar un éxtasis° viendo desde el coche cómo Indurain perseguía al suizo Alex Züle en la etapa alpina° de la Plagne el 11 de julio.

Ese día, Miguel anunció al mundo entero que todas las especulaciones sobre los límites de su poder tocaban a su fin. Se disponía a entrar por su propio pedal en el Olimpo del ciclismo para acompañar desde allí a las otras divinidades del manillar que también han ganado cinco Tours de Francia.

El propio Indurain: "Sí, es el quinto Tour, pero para mí es uno más y lo afronto con la misma ilusión que cuando gané el primero".

Pero la presente edición de la ronda gala° no empezó para Indurain en verano, sino el primer día de diciembre. Desde esa fecha el campeón navarro° ha estado corriendo contra la carretera y contra las propias limitaciones de su cuerpo. En aquel lejano invierno, el físico de Indurain no era el mismo que hoy deslumbra a los aficionados: después de las vacaciones de noviembre, su peso había aumentado en siete kilos, sus músculos tenían cúmulos de grasa entre sus fibras, las piernas habían perdido la dureza de los momentos de competición y hasta su capacidad cardiaca había añadido latidos que ahora, cuando duerme en los hoteles franceses entre etapa y etapa, le sobran cada noche.

Pulir° todos esos detalles es lo más parecido que existe a poner una máquina en su punto, pero los secretos que ha empleado en esas horas de taller Indurain los resume en una sola palabra: "Kilómetros. Sólo con más y más kilómetros consigo que mis piernas cojan el tono necesario".

Cada pedaleada de Indurain en estos últimos ocho meses ha formado parte de su entrenamiento para el Tour, tanto las que dio luciendo un dorsal en la espalda en las carreras que compitió, como en los días de carretera y bici que pasó entrenando en su Villava natal o en Alicante, donde pasó concentrado varias semanas en el chalé° que tienen sus suegros en Benidorm con la sola compañía de su hermano Prudencio.

"Yo me conozco mejor que nadie. Son las sensaciones que recibo encima de la bicicleta las que me dicen si estoy bien o no".

Miguel dosifica° esfuerzos y homenajes según una calculadora que encierra en su cabeza y esa computadora le dice ahora que la máquina no ha sufrido la menor alteración en las últimas temporadas, que todo funciona igual que hace cinco años, cuando se colocó por primera vez encima el jersey amarillo. Según esta ciencia exacta que es Indurain, el corredor está tan fuerte como siempre. El aficionado puede dormir tranquilo: este super hombre seguirá existiendo algunos años más.

vatios: *unidad de potencia de flujo energético y térmico*
éxtasis: *trance espiritual*   **alpina**: *de los Alpes*
ronda gala: *Tour de Francia*   **navarro**: *natural de Navarra*

pulir: *perfeccionar*   **chalé**: *casa de estilo suizo*
dosifica: *gradúa la cantidad o porción de una cosa*

A. En parejas, completen los espacios en blanco con una de estas palabras del artículo: *corredor, especulación, pulir, capacidad, alteración.*

1. Es un _____ de autos muy conocido; ha ganado más de cincuenta carreras en todas partes del mundo.

2. Mi _____ para estudiar no es muy grande; después de menos de una hora pierdo la paciencia.

3. Es un tema de mucha _____ la cuestión de quién ganará el Tour de Francia este año.

4. Ya terminé un borrador del trabajo. Ahora lo tengo que _____ .

5. La menor _____ de su día le produce mucho nerviosismo.

B. En parejas, contesten las siguientes preguntas.

1. ¿Por qué José Miguel Echávarri dice que Indurain es "dios"?

2. ¿Cómo describirías la condición física de Indurain?

3. ¿Cuál es la rutina de entrenamiento de Indurain?

4. Según el artículo, ¿cuál es la actitud de Indurain hacia la fama y el triunfo?

5. El autor compara el entrenamiento de Indurain con "poner una máquina en su punto". Explica la comparación.

6. ¿Qué conclusiones sobre la vida de un ciclista sacas del artículo?

AMPLIACIÓN

En grupos, discutan el régimen de ejercicio que es necesario para ser un campeón del deporte. Hagan una lista de las actividades que hay que hacer y de las que no se pueden hacer. En tu opinión, ¿cuál es el deporte que requiere más disciplina y esfuerzo?

CAPÍTULO 11

COMUNIDAD

Los seres humanos, para realizarse completamente, necesitan vivir en sociedad. Ya sea grande o pequeño, el grupo humano que nos rodea nos sirve de estímulo o guía y su ayuda es fundamental en momentos de crisis. Por eso, cuando trabajamos para la comunidad sentimos gran satisfacción al demostrar que, con amor y sacrificio, podemos reparar daños y mejorar las vidas de otras personas.

En este capítulo leeremos acerca de los milagros que puede hacer la solidaridad humana y de cómo ésta se impone sobre el odio y la venganza. Conocerás a dos familias en las que triunfa la solidaridad por encima del rencor, y verás cómo el amor y la ayuda mutua pueden aliviar a la gente en momentos difíciles.

Notas

Un **símbolo** es que se usa para representar un concepto o idea. Por ejemplo, la paloma se utiliza como símbolo de la paz y el corazón, como símbolo de amor.

Autor **Vicente Blasco Ibáñez (1867–1928)**

Novelista español, nació en Valencia y murió en Francia. Se lo considera el último escritor importante de la escuela naturalista española. Gran viajero, volcó sus experiencias en varios libros de viajes, como *La vuelta al mundo de un novelista* (1927). Entre sus obras se incluyen: *Flor de mayo* (1895), *La barraca* (1898) y *Cañas y barro* (1902). Sus primeras novelas reflejan las costumbres y el modo de pensar de la sociedad de su época, y tienen como escenario el mar y las huertas valencianas.

También escribió novelas de crítica social y revolucionaria. Varias de sus obras han sido llevadas al cine. El cuento "La pared" pertenece al libro *La condenada* (1900).

Cita

Hoy por mí,
mañana por ti.

Proverbio popular

Prepárate para leer

Piensa en la casa o edificio en donde vives y en cómo son tus relaciones con tus vecinos.

Lee el título del relato y mira las ilustraciones. ¿Qué ideas te vienen a la mente?

La pared

Vicente Blasco Ibáñez

Siempre que los nietos del tío Rabosa se encontraban con los hijos de la viuda de Casporra en los caminos de la huerta o en las calles de Campanar, todos los vecinos hablaban del suceso. ¡Se habían visto! ¡Se insultaban con el gesto! ¡Aquello acabaría mal! El día menos pensado el pueblo sufriría un nuevo disgusto.

El alcalde y los vecinos más notables predicaban° paz a los jóvenes de las dos familias enemigas. A sus casas iba el cura, un viejo muy bueno, aconsejando el olvido del pasado.

Hacía treinta años que los odios de los Rabosas y Casporras traían revuelto a Campanar, casi a las puertas de Valencia.° Habían sido grandes amigos en otro tiempo; y sus casas se unían por los corrales, separados únicamente por una pared baja. Pero una noche, por cuestión de riego,° un Casporra mató de un tiro en la huerta a un hijo del tío Rabosa; y el hijo menor de éste, para que no se dijera que en la familia no quedaban hombres, mató después de un mes de vela,° al matador de su hermano.

Desde entonces las dos familias solamente vivían para acabar la una con la otra, pensando más en aprovechar los descuidos del vecino que en el cuidado de sus tierras.

Después de treinta años de lucha, en casa de los Casporras sólo quedaba una viuda con tres hijos jóvenes que parecían torres de fuerza. En la otra estaba el tío Rabosa, con sus ochenta años, fijo en un sillón, con las piernas paralizadas, como un viejo ídolo de la venganza, ante el cual juraban sus dos nietos defender el honor de la familia.

Pero los tiempos habían cambiado. Ya no era posible andar a tiros, como sus padres, en plena plaza a la salida de misa mayor. La policía no les perdía de vista, y los vecinos los vigilaban de continuo, temiendo que se repitieran las escenas de sangre. Cansados de esta vigilancia, los Casporras y los Rabosas terminaron por no buscarse. Hasta huían cuando la casualidad les ponía cara a cara. Tanto fue el deseo de apartarse y no verse que les pareció baja la pared

predicaban: *hablaban sobre*
Valencia: *ciudad de España*
riego: *acción y efecto de regar, irrigar*

mes de vela: *luto por un muerto*

que separaba sus corrales. Mientras las aves de las dos familias subían por los montones de leña y se hacían amigas en lo alto, las mujeres de las dos casas cambiaban desde las ventanas gestos de desprecio. Aquello no podía sufrirse. Era como vivir en familia; y la viuda de Casporra hizo levantar más la pared. Y así, con esta muda y repetida manifestación de odio, la pared fue subiendo y subiendo.

Así pasó algún tiempo para las dos familias, sin atacarse como en otra época, pero sin acercarse, firmes como siempre en su odio.

Una tarde tocaron a fuego las campanas del pueblo. Se quemaba la casa del tío Rabosa. Los nietos estaban en la huerta; la mujer de uno de ellos en el campo; en la casa sólo estaba el tío Rabosa, y por las aberturas de puertas y ventanas salía un humo denso como de cosas quemadas. Dentro, el pobre viejo, inmóvil, fijo en su silla. La nieta llegó y se tiraba los cabellos. La gente se juntaba en la calle, asustada por la violencia del fuego. Algunos más valientes abrieron la puerta, pero fue para volver atrás ante la bocanada de denso humo, cargado de chispas, que se esparció por la calle.

—¡El abuelo! ¡El abuelo! —gritaba la nieta volviendo en vano la mirada en busca de alguien que lo salvara.

Los asustados vecinos se quedaron mudos de sorpresa al ver tres jóvenes que entraban corriendo en la ardiente casa. Eran los Casporras. Se habían mirado, cambiando una señal de inteligencia, y sin más palabras se arrojaron como salamandras° en la enorme hoguera. La multitud los aplaudió al verlos aparecer llevando en alto, como a un santo, al tío Rabosa en su silla. Ellos abandonaron al viejo sin mirarle siquiera y se fueron otra vez adentro.

salamandras: *seres fantásticos considerados como los espíritus del fuego*

—¡No, no! —gritaba la gente.

Pero ellos seguían adelante, sonrie[n]
Iban a salvar algo de los intereses de s[u]
enemigos. Si los nietos del tío Rabosa
estuvieran allí, ni se habrían movido e[l]
de casa. Pero se trataba de un pobre vi[ejo]
al que debía ayudar todo hombre de
corazón. La gente los veía tan pronto e[n]
calle como dentro de la casa, buscando
el humo, sacudiendo las chispas como
inquietos demonios, arrojando mueble[s]
sacos para volver a meterse entre las
llamas.

Lanzó un grito la multitud al ver a
dos hermanos mayores sacando al me[nor]
en brazos. Una viga, al caer, le había r[oto]
una pierna.

—¡Pronto, una silla!

La gente, en su prisa, arrancó al vi[ejo]
Rabosa de la suya para sentar en ella a[l]
herido.

El muchacho, con el pelo quemad[o]
la cara llena de humo, sonreía, oculta[ndo]
los agudos dolores que sentía y que le
hacían apretar los labios. Sintió que u[nas]
manos que temblaban, unas manos
marcadas por la vejez, apretaban las
suyas.

—¡Hijo mío! ¡Hijo mío! —exclama[ba]
el tío Rabosa, quien se había arrastra[do]
hasta él.

Y antes que el pobre muchacho
pudiera evitarlo, el paralítico buscó c[on]
su boca sin dientes las manos que ten[ía]
sujetas y las besó. Las besó un gran
número de veces, bañándolas con
lágrimas.

Ardió toda la casa. Y cuando los
trabajadores fueron llamados para
construir otra, los nietos del tío Rabos[a]
les dejaron comenzar a limpiar el terre[no]
cubierto de negras ruinas. Antes tenía[n]
hacer ellos un trabajo más urgente:
derribar la pared maldita.

Y, tomando el pico, ellos mismos
dieron los primeros golpes.

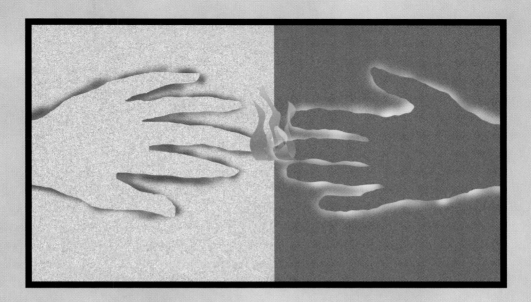

A. En parejas, respondan las siguientes preguntas.

1. ¿Por qué empezó el odio entre los Rabosas y los Casporras?

2. ¿Por qué, al cabo de treinta años, ya no podían recurrir a la violencia?

3. ¿Cómo cambió esa situación que parecía interminable?

4. ¿Creen que el fuego representa la violencia que duró tantos años? ¿Por qué?

5. ¿Qué simbolizan la alta pared entre los dos corrales y el acto de derribarla?

6. Según las notas, ¿qué otros símbolos encuentran en el cuento?

B. Relaciona las palabras de la columna A con las definiciones de la columna B.

A	B
1. velar	**a.** escapaban
2. ídolo	**b.** casualidad
3. huían	**c.** dios
4. acaso	**d.** vigilar
5. multitud	**e.** muchedumbre

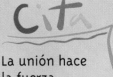

La unión hace la fuerza.

Proverbio popular

AMPLIACIÓN

Escribe una composición acerca de un caso en el que el espíritu de fraternidad haya logrado superar diferencias e intereses individuales. Puedes referirte a un hecho real o imaginado.

NOTAS

La poesía, como la música, posee **ritmo**. Éste se logra con la combinación armoniosa de palabras y versos que le dan al poema una determinada cadencia. Al igual que las notas musicales, cada palabra suena de un modo diferente. En el siguiente poema, la sucesión y repetición de palabras y frases crean un ritmo especial.

Autor César Vallejo (1892–1938)

Poeta peruano de origen indígena y español, cuya obra representa una de las más altas expresiones del lenguaje poético en castellano. Nacido en un hogar modesto de un pequeño pueblo peruano, estudió letras y derecho. Vivió en Francia y en España, donde conoció a los intelectuales más importantes de su época. Sus poemas hablan de la soledad, el dolor y la solidaridad humana. A los 26 años publicó su primer poemario: *Los heraldos negros* (1918), luego se imprimieron *Trilce* (1922) y *España, aparta de mí este cáliz* (1940), al cual pertenece el poema que vamos a leer.

Cita

Una mano lava la otra y las dos lavan la cara.

Proverbio popular

Prepárate para leer

La palabra "masa", en el sentido de "multitud de personas", puede evocar sentimientos positivos y negativos. ¿Qué te sugiere a ti?

Mira el título y las ilustraciones. ¿De qué tema crees que trata el poema?

Masa

César Vallejo

Al fin de la batalla,
y muerto el combatiente,° vino hacia él un hombre
y le dijo: "¡No mueras, te amo tanto!"
Pero el cadáver ¡ay! siguió muriendo.

Se le acercaron dos y repitiéronle:
"¡No nos dejes! ¡Valor! ¡Vuelve a la vida!"
Pero el cadáver ¡ay! siguió muriendo.

Acudieron a él veinte, cien, mil, quinientos mil,
clamando:° "¡Tanto amor y no poder nada contra la muerte!"
Pero el cadáver ¡ay! siguió muriendo.

Le rodearon millones de individuos,
con un ruego° común: "¡Quédate hermano!"
Pero el cadáver ¡ay! siguió muriendo.

Entonces, todos los hombres de la tierra
le rodearon; les vio el cadáver triste, emocionado;
incorporóse lentamente,
abrazó al primer hombre; echóse° a andar…

combatiente: *soldado* **clamando**: *hablando en tono grave y solemne*
ruego: *súplica, pedido* **echóse**: *comenzó*

Después de leer

Responde las siguientes preguntas.

1. ¿Quién o quiénes protagonizan los hechos relatados en este poema?

2. En cada estrofa se repite la misma situación a la vez que en cada una ocurre un cambio. ¿Qué es lo que cambia?

3. ¿Cómo se logra el ritmo en el poema? ¿Qué frase se repite? ¿Qué sentimiento provoca esa repetición?

4. ¿Quién realiza el milagro de resucitar al soldado? ¿Por qué?

5. ¿Qué convicción fundamental expresa el poeta con relación a los seres humanos?

Ampliación

En uno o dos párrafos, explica la idea de que el amor hace milagros.

NOTAS

Los **refranes populares** son frases simples que encierran gran sabiduría. Se transmiten de generación en generación y resumen, de modo conciso, lecciones sobre la vida. Algunos refranes populares son utilizados en la literatura y el periodismo para llamar la atención y hacer el texto más divertido. Algunos de ellos son: "Quien a buen árbol se arrima, buena sombra lo cobija" y "Más vale pájaro en mano que cien volando."

Prepárate para leer

Los huracanes son vientos violentísimos que destruyen todo a su paso. Imagínate tu reacción si pasaras por una experiencia tan terrible como la de un huracán.

Lee el título, los subtítulos y mira las ilustraciones. ¿Qué crees que hubo de positivo después del paso del huracán?

Una ráfaga de esperanza después del HURACÁN ANDRÉS

Fernán Martínez

La ciudad no es ni será la misma después del huracán. Sólo las víctimas conocen la dimensión° de esta tragedia que también les enseñó a hablar, a conocer a los vecinos y a explorar las estrellas. Dios aprieta pero no ahoga.

Los González Chamorro no tienen fotografías de su matrimonio, ni de los cuatro hijos cuando eran bebés, ni de los abuelos que murieron hace muchos años, ni de nadie, ni de nada. Son como una familia sin pasado.

Andrés, el huracán, les llevó todo, hasta su troca (camioneta) modelo 79, la guitarra de Alfonso, las cartas de cuando era novio de Alicia y el gatico° de Alfonsito, el hijo.

dimensión: *magnitud, importancia*
gatico: *gatito*

116

Tampoco tienen casa, teléfono, ni dirección donde lleguen las cartas.

Los González Chamorro son mexicanos y no tienen nada más allá de la esperanza y el consuelo de estar vivos. "Gracias a Dios estamos aquí pa'contar el cuento", dice Alfonso recostándose° sobre el palo que sostiene una carpa donde viven los seis, a pocas cuadras de lo que era su casa móvil en un campamento de trabajadores en Florida City. Éste es un pequeño pueblo al sur del condado de Dade (que además incluye Miami, Miami Beach, Naranja, Coral Gables, Homestead y otros).

"No sabemos cuánto más podamos aguantar aquí. Lo mejor sería volver pa' California, pero allá la cosa está bien gruesa".°

Su vida es otra después de la madrugada° del 24 de agosto. Todo cambió.

Lo mismo les pasó a otras 85 mil familias. Lo mismo le pasó a Miami.

Esta ciudad se divide en antes y después de Andrés. Igual que Chicago después del incendio. Ciudad de México después del terremoto. Hiroshima y Nagasaki después de la bomba.

Las cifras son aterradoras. Andrés se llevó 29 mil casas, dañó otras 75 mil, destruyó 23 escuelas, 4 hospitales, 1 aeropuerto, 1 base militar, 4 aviones de guerra F16, siete mil trescientos semáforos, más de un millón de árboles, dejó a oscuras un millón de viviendas, derribó 7 mil postes de energía eléctrica, liberó del zoológico a 700 pájaros tropicales y 130 monos, arruinó tres mil negocios, resquebrajó° los arrecifes de corales submarinos, descarriló un tren, destrozó 19 mil autos, dejó sin trabajo a 86 mil personas, sacó del agua unas 300 embarcaciones. Y una cifra que por suerte no fue más alarmante:° sólo hubo 40 muertos, 17 por culpa directa del huracán y 23 por acción indirecta.

MILAGRO, ¡HABLAN!

Sin embargo también se están viendo reacciones contrarias. Está sucediendo un fenómeno casi milagroso: los vecinos están hablando entre ellos.

Tuvo que venir Andrés para que los residentes de una cuadra se conocieran. Algunos descubrieron que trabajaban en la misma empresa o que sus hijos iban a la misma escuela.

Y otro milagro: también están caminando. Aquí, en esta ciudad, las aceras siempre estaban vacías. Nadie caminaba. Todo el mundo usaba el auto, aunque fuera para ir al "7 Eleven" de la siguiente cuadra.

DESCUBRIENDO LA LUNA Y LAS ESTRELLAS

Debido a la falta de televisión, en las noches posteriores al huracán las familias y los vecinos salieron a los patios y las calles, o desde la misma sala, miraron al cielo y descubrieron las estrellas. Ahora ya detectan la Osa Mayor y Capricornio.

La ayuda se demoró cuatro días en aparecer. Washington decía que era culpa de Tallahassee, la capital de la Florida, y Tallahassee decía que era culpa de Washington. Pero después llegaron miles de toneladas de ayuda, incluidas 30 mil biblias (en inglés, español y francés). La cadena de televisión en español Univisión transmitió el 13 de septiembre "Los hispanos se dan la mano", un telemaratón nacional para recaudar fondos de ayuda a los damnificados° del huracán. Animado por Don Francisco, Raúl Velasco y Gilberto Correa, en él participaron estrellas como Gloria Estefan, José Luis Rodríguez, Daniela Romo, Jon Secada, Luis Enrique, Cristina Saralegui, Charytín, María Conchita Alonso, María Elena Salinas, Angela Carrasco y otros. Julio Iglesias, Luis Miguel, Raphael y Paloma San

---

recostándose: *apoyándose*   **la cosa está bien gruesa**: *las cosas son difíciles*   **madrugada**: *amanecer*
resquebrajó: *rajó*   **alarmante**: *impresionante*   **damnificados**: *personas afectadas por una catástrofe*

Basilio enviaron mensajes de solidaridad y aportes económicos.

El maratón fue una demostración impresionante de apoyo por parte de la comunidad latina que, conjuntamente con importantes donativos de varias corporaciones, aportó $4.6 millones.

Los héroes y los samaritanos° son otra cosa nueva y buena que trajo el huracán. Una encuesta de Noticias CBS y el New York Times revela que el 35 por ciento de los residentes del sur de la Florida fueron testigos de actos heroicos y de ayuda al prójimo. La misma encuesta muestra que solo el 9 por ciento vio actos de vandalismo o saqueo. Hubo tanta comida que se dañó. Sobraron brazos de voluntarios. La donación

más grande la hizo el Emir de Kuwait: 10 millones de dólares.

Los artistas también hicieron su parte. El sábado 26 de septiembre se celebró un concierto organizado por Gloria y Emilio Estefan en el que se recaudó más de $1 millón. El estadio Joe Robbie de Miami vibró con el entusiasmo de más de 50,000 personas que disfrutaron cada momento de las actuaciones de Gloria Estefan, Celia Cruz, Julio Iglesias, Rubén Blades, Cachao, Whoopi Goldberg, Andy García, Jon Secada y muchos otros. Ninguno cobró un centavo, pero todos ofrecieron actuaciones memorables,° quizás más inspirados por la arrolladora° solidaridad humana de los presentes que por la enorme magnitud° de la tragedia.

---

samaritanos: *personas dispuestas a ayudar, caritativas*   **memorables**: *inolvidables*   **arrolladora**: *dominante*

Después de leer

En parejas, contesten las siguientes preguntas.

1. ¿Qué significa el refrán "Dios aprieta, pero no ahoga"?
2. ¿Qué efectos benéficos tuvo el huracán en la vida de la gente?
3. ¿Por qué los vecinos aprendieron a caminar por el vecindario, a hablarse entre sí y hasta a mirar hacia el cielo?
4. ¿Qué clase de ayuda material recibió la comunidad latina?
5. ¿Qué hicieron los artistas?

AMPLIACIÓN

Escribe dos o tres párrafos que expresen la idea de que las desgracias a veces unen a la gente y sirven para demostrar lo mejor de cada individuo. Incluye un ejemplo de la vida real.

CAPÍTULO 12

BILINGÜISMO

En los Estados Unidos hay personas procedentes de todas las culturas del mundo. Muchas de ellas son bilingües. Ser bilingüe es un privilegio porque permite tener una visión especial de dos mundos. Pero también trae sus problemas: a veces nos confunde y nos hace sentir aislados. Estos sentimientos han servido de inspiración a muchos escritores.

El hecho de conocer más de un idioma agudiza la sensibilidad a los sonidos de frases y palabras. También permite apreciar mejor el idioma materno, o primera lengua, lo cual es importantísimo para los poetas. Las diferencias culturales y lingüísticas permiten analizar la realidad desde varios ángulos, como veremos en la autobiografía y el poema que aparecen en este capítulo.

NOTAS

En una **autobiografía** el autor relata su propia vida. Se distingue de las memorias en que el énfasis está en el desarrollo personal y los orígenes del autor, y no en las personas importantes y los eventos históricos que la persona conoció. A diferencia de las memorias, la autobiografía es un género más íntimo, donde lo que tiene más importancia son las personas y los acontecimientos domésticos.

Autor **José Vasconcelos (1881–1959)**

José Vasconcelos fue un escritor, diplomático y político mexicano. Nació en Oaxaca, pero pasó largas épocas en los Estados Unidos, en Texas y en Nueva York. Fue responsable de importantes reformas educativas y sociales en México: estableció bibliotecas, promovió la edición de obras clásicas y patrocinó la pintura mural. Es autor de cuentos, obras de teatro y obras filosóficas y críticas, entre ellas *La raza cósmica* (1925) y *La sonata mágica* (1933). El texto que van a leer es un fragmento de un capítulo titulado "El estudio", que forma parte de *Ulises criollo* (1934), la autobiografía de Vasconcelos.

Prepárate para leer

Cuando piensas en el día que entraste a la escuela, ¿qué recuerdos te vienen a la mente?

Según el título y las ilustraciones, ¿cuál crees que será la situación descrita en el texto que sigue?

EL ESTUDIO

José Vasconcelos

La escuela me había ido ganando lentamente. Ahora no la hubiera cambiado por la mejor diversión. Ni faltaba nunca a clase. Uno de los maestros nos puso expeditos en sumas, restas, multiplicaciones, consumadas en grupo en voz alta, gritando el resultado el primero que lo obtenía. En la misma forma, nos ejercitaban en el deletreo o "spelling", que constituye disciplina aparte en la lengua inglesa. Periódicamente se celebraban concursos.

Gané uno de nombres geográficos, pero con cierto dolo.° Mis colegas norteamericanos fallaban a la hora de deletrear Tenochtitlán° y Popocatépetl.° Y como protestaran, expuse: "¿Creen que Washington no me cuesta a mí trabajo?"

En todo, la escuela era muy libre y los maestros justicieros. El año que nos tocó una señorita recibí mi primer castigo. No recuerdo por qué falta, se me obligó a extender la mano; en ella cayó un varazo dado con ganas. Sin embargo sin ira. Una vez azotado se me dijo: "Ahora, a sentarse". A poco rato, la misma maestra me hizo alguna pregunta como las demás; el asunto se había liquidado.° Hay algo de noble en un castigo así, severo y honrado. Un manazo justo en la infancia, una explicación oportuna en el colegio, en la Universidad, producen un efecto de saneamiento,° de higiene indispensable de toda labor colectiva. La condición de eficacia está no más en ejercer la autoridad sin odio.

La ecuanimidad de la profesora se hacía patente° en las disputas que originaba la historia de Texas... Los mexicanos del curso no éramos muchos, pero sí resueltos. La independencia de Texas y la guerra del cuarenta y siete dividían la clase en campos rivales. Al hablar de mexicanos incluyo a muchos que aun viviendo en Texas y estando sus padres ciudadanizados, hacían causa común conmigo por razones de sangre. Y si no hubiesen querido era lo mismo, porque los yankees los mantienen clasificados. Mexicanos completos no íbamos allí sino por excepción. Durante varios años fui el único permanente. Los temas de clase se discutían democráticamente, limitándose la maestra a dirigir los debates. Constantemente se recordaba El Álamo, la matanza azteca consumada por Santa-Anna, en prisioneros de guerra. Nunca me creí obligado a presentar excusas: la Patria mexicana debe condenar también la tradición miliciana° de nuestros generales, asesinos que se emboscan° en batalla y después se ensañan° con los vencidos. Pero cuando se afirmaba en clase, que cien yankees podían hacer correr a mil

---

dolo: *engaño*   **Tenochtitlán:** *capital de los aztecs*   **Popocatépetl:** *volcán de México*   **liquidado:** *terminado*   **saneamiento:** *reparación de un daño*   **patente:** *obvia, evidente*   **miliciana:** *militarista*   **emboscan:** *sorprenden al enemigo*   **se ensañan:** *enfurecen*

mexicanos, yo me levantaba a decir: "Eso no es cierto". Y peor me irritaba si al hablar de las costumbres de los mexicanos junto con las de los esquimales, algún alumno decía: "Mexicans are a semi-civilized people". En mi hogar se afirmaba, al contrario, que los yankees eran recién venidos a la cultura. Me levantaba, pues, a repetir: "Tuvimos imprenta antes que vosotros". Intervenía la maestra aplacándonos y diciendo: "But look at Joe, he is a Mexican, isn't he civilized?, isn't he a gentleman?" Por el momento, la observación justiciera restablecía la cordialidad. Pero era sólo hasta nueva orden, hasta la próxima lección en que volviéramos a leer en el propio texto frases y juicios que me hacían pedir la palabra para rebatir.° Se encendían de nuevo las pasiones.

rebatir: *refutar, contradecir*

Después de leer

A. En parejas, encuentren un sinónimo para las siguientes palabras del artículo: *disciplina, justiciero, honrado, autoridad, rival, afirmar, cordialidad.*

B. Contesta las siguientes preguntas.

1. ¿Cuál es el tema del relato?

2. ¿Por qué protestan los otros estudiantes cuando José gana un concurso de nombres geográficos? ¿Qué palabras puede deletrear él que los otros estudiantes no pueden?

3. ¿Qué opinión tiene el autor de los maestros americanos que él tuvo?

4. ¿Cuál es el tema de los debates que surgen en la clase del autor?

5. ¿Qué pensaban los "yankees" de los mexicanos? ¿Qué pensaba la familia del autor de los "yankees"?

6. ¿Cuál es la reacción del autor ante las actitudes de los jóvenes que lo rodean?

7. ¿Cuál es la situación de los hijos de padres mexicanos en Texas en la época que describe el autor? ¿Son aceptados socialmente?

C. En grupos, digan cuál o cuáles de las siguientes opciones son correctas.

Algunos temas que se abordan en el texto son:

a. El sistema de educación americano es injusto.

b. La disciplina es importante cuando se aplica con justicia e imparcialidad.

c. La historia mexicana no tiene episodios problemáticos.

d. La diferencia de cultura y de lengua puede causar conflictos.

e. Los americanos son intolerantes y prejuiciosos.

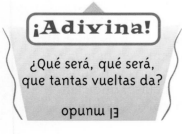

¡Adivina!

¿Qué será, qué será, que tantas vueltas da?

El mundo

AMPLIACIÓN

Escribe dos párrafos desarrollando alguna de las ideas del ejercicio C.

NOTAS

La **literatura chicana** es escrita por descendientes de mexicanos que viven en los Estados Unidos. Es un tipo de literatura que ha adquirido gran importancia en los últimos 30 años. Los escritores chicanos muchas veces escriben en inglés, o en una mezcla de inglés y español que refleja su cultura híbrida, americana y mexicana. Un tema central en sus obras es esta mezcla de culturas y la sensación de estar *entre* la realidad mexicana y la realidad americana. El juego de los idiomas es muy importante, especialmente en la poesía. Algunos escritores chicanos son Sandra Cisneros, Francisco Alarcón, Denise Chávez, José Montoya y Gina Valdés.

Autora Gina Valdés (1943)

Gina Valdés nació en Los Ángeles y se crió en México y en los Estados Unidos. Ha publicado varios libros de poesía, incluyendo *There Are No Madmen Here* (1981), *Puentes y fronteras* (1982) y la colección bilingüe *Comiendo lumbre, Eating Fire* (1986). Su obra combina temas sociales y feministas con preocupaciones metafísicas. Su poesía y su ficción se han publicado en los Estados Unidos, México y Europa. Es profesora de literatura chicana en UCLA. El poema que sigue aparece en la antología *Cool Salsa, Bilingual Poems on Growing Up Latino in the United States*.

Prepárate para leer

¿Qué significa ser de dos culturas diferentes? ¿En qué forma puede afectar tu vida?

Mira las ilustraciones y el título. ¿Qué te indican sobre el tema del poema?

WHERE YOU FROM?

Gina Valdés

Soy de aquí
y soy de allá
from here
and from there
born in L.A.
del otro lado
y de éste
creer en L.A.
y en Ensenada
my mouth still tastes
of naranjas
con chile
soy del sur
y del norte
crecí zurda°

y norteada
cruzando fron
teras crossing
San Andreas
tartamuda°
y mareada
where you from?
soy de aquí
y soy de allá
I didn't build
this border
that halts me
the word fron
tera splits
on my tongue

zurda: *que escribe con la mano izquierda*   **tartamuda:** *que pronuncia con trabajo y repitiendo las sílabas*

Después de leer

A. Haz una oración con cada una de las siguientes palabras: *frontera, norteada y mareada.*

B. En parejas, respondan las siguientes preguntas.

1. ¿Cuál es la experiencia que se describe en el poema?

2. ¿Qué significan los versos "soy de aquí / y soy de allá"?

3. ¿Por qué la autora alterna los dos idiomas?

4. ¿Por qué cree la autora que está *mareada*?

C. En grupos, hagan una lista de las palabras que usa la poeta en *Where You From?* Separen las palabras en inglés de las que están en español, y discutan por qué la autora escoge escribirlas en un idioma o en el otro.

AMPLIACIÓN

Escribe una composición con tus reflexiones sobre el tema de la doble nacionalidad y el bilingüismo. ¿Qué relación tiene la gente bilingüe con los dos idiomas? ¿Y con las dos culturas? Puedes usar ejemplos de tu propia vida.

GLOSARIO

A

abalorios (m. pl.): *cuentas de vidrio*
aborrecerme (aborrecer): *odiarme*
acelgas (f. pl.): *tipo de verdura*
acometida (f.): *ataque*
acreedores (m. pl): *gente a quien uno debe dinero*
agobiado(a): *fatigado(a)*
agudas(os): *en punta*
alada(o): *con alas*
álamos (m. pl.): *árboles de gran tamaño de madera blanca y liviana*
alarmante: *impresionante*
alazán (m.): *caballo de color rojo canela*
Albita: *cantante y compositora cubana*
alerones (m. pl.): *alas*
alhajeros (m. pl.): *cajas para guardar joyas*
almendros (m. pl.): *árboles que dan las almendras*
almidonadas(os): *planchadas(os) con almidón*
alpina(o): *de los Alpes*
aludido (a): *mencionado(a), nombrado(a)*
alzando (alzar): *levantando*
amogollado(a): *demasiado cocinado(a) (en Puerto Rico)*
amonestaba (amonestar): *castigaba*
andá (andar): *anda*
anorak (m): *chaqueta impermeable con capucha*
ansia (f.): *preocupación*
aparadores (m. pl.): *armarios*
apeñuzcadas(os): *apretadas(os)*
apresurar: *aumentar la velocidad*
arbitrarios(as): *caprichosos(as)*
armar un fogón: *hacer un fuego*
arrecife (m.): *rocas a la orilla del mar*
arrollador(a): *dominante*
aspiraciones (f. pl.): *ambiciones*
atormentada(o): *sufrida(o)*
atribuirles (atribuir): *darles, aplicarles*
atroces: *muy crueles*
aturdido: *confundido*
aumentase (aumentar): *creciese*
aureola (f.): *aro de los santos*
aviejándome (aviejar): *envejeciendo*
azalea (f.): *tipo de flor*

B

back: *posición de defensa en el fútbol*
baldosa (f.): *placa de cerámica que se pone en el suelo*
banderines (m. pl.): *pequeñas banderas*
barbarismo (m.): *palabra mal dicha o escrita*
bayaderas (f. pl.): *bailarinas de la India*
bejuco (m.): *planta tropical de tallos largos y delgados*
benigna(o): *benévola(o), buena(o)*
Beny: *popular cantante y compositor cubano*
boers: *colonos holandeses de África del Sur*
bombachas (f. pl.): *pantalón de campo muy ancho*
bordado (m.): *combinación*
botón de muestra (m.): *ejemplo*
brida (f.): *rienda que se pone a los caballos*
bruscamente: *ásperamente*
bucles (m. pl.): *rizos*
Burdeos: *ciudad de Francia*

C

C. Vidal y M. Balboa: *actrices de la televisión cubana*
cabestro (m.): *correa*
Cabrera Infante: *escritor cubano*
caché (m.): *elegancia, exclusividad*
caimanes (m. pl.): *reptiles parecidos a los cocodrilos*
calcinado(a): *quemado(a)*
calvicie (f.): *pérdida de pelo*
cambiantes: *variables*
campamentista: *persona que acampa*
caos (m.): *desorden*
carpa (f.): *tienda de campaña*
carretes (m. pl.): *tubos de madera o metal donde se enrolla hilo*
cascabeles (m. pl.): *bolitas de metal que al moverse suenan y sirven para marcar el ritmo*
caverna (f.): *cueva*
ceniza (f.): *polvo que queda después de que se quema algo*
ceñirte (ceñirse): *adaptarte, seguir*
cerilla (f.): *fósforo*
chalé (m.): *casa de estilo suizo*
chaparrón (m.): *lluvia fuerte y corta*
clamando (clamar): *hablando en tono grave y solemne*

clamar: *llamar*
combatiente (m.): *soldado*
contemplación (f.): *visión*
contextura (f.): *textura*
Cortázar: *escritor argentino*
cosmogonía (f.): *teoría de la formación del universo*
cotidianas(os): *de todos los días*
cruzó (cruzar): *persignó*
cuadrado(a): *demasiado exigente (Cuba)*
cuadreras (f. pl.): *carreras en línea recta*
cubierta (f.): *parte de un barco*
cuerda (f.): *soga*

D

damnificados (as): *personas afectadas por una catástrofe*
dan cuenta: *nos informan*
debés (deber): *debes*
decir nuestra palabra: *expresar nuestras ideas*
desapercibido: *sin ser visto*
desatar: *soltar*
desciende (descender): *baja*
descoyuntamiento: *dislocamiento*
deslumbramiento: *fascinación*
desovan (desovar): *ponen los huevos que contienen las crías*
despedazando (despedazar): *quebrando*
despistar: *confundir*
desplomado(a): *caído(a)*
despreocupadamente: *sin preocupación*
destartalados (as): *viejos(as) y en mal estado*
diario (m.): *periódico*
dimensión (f.): *magnitud, importancia*
dimorfismo sexual (m.): *diferencias entre el macho y la hembra de una misma especie*
disparate (m.): *locura*
disponible: *que se podía utilizar*
dobladillos (m. pl.): *doblez cosido en el borde de una tela*
dolo (m.): *engaño*
domes (domar): *amanses, hagas dócil*
dormir al raso: *dormir al aire libre*
dosifica (dosificar): *gradúa la cantidad o porción de una cosa*
duende: *personaje imaginario muy travieso*

Du Pont: *millonario que vivió en Cuba*
duros (m. pl): *monedas de cinco pesetas*

E

echóse (echarse): *comenzó*
edén (m.): *paraíso*
emanaba (emanar): *irradiaba*
embarcaron (embarcar): *subieron a un barco*
emboscan (emboscar): *sorprenden al enemigo*
embullarme (embullarse): *entusiasmarme*
Emerson: *filósofo norteamericano*
empaquetar: *envolver, hacer paquetes*
en boga: *de moda*
en ciernes: *en los comienzos*
encajes (m. pl.): *tejido de mallas, lazadas o calados hecho a mano o a máquina*
encinas (f. pl.): *árboles de madera dura*
encornadas(os): *que tienen cuernos*
enfardándose (enfardar): *envolviéndose*
engarzado(a): *incrustado*
entrañablemente: *con cariño*
epiléptica(o): *con epilepsia*
erguían (erguir): *levantaban*
escayola (f.): *yeso*
escoltan (escoltar): *acompañan*
escudos y estrellas: *caras de una moneda cubana*
especímenes (m. pl.): *especies de animales o plantas*
espuelas de caballero (f. pl.): *flor en forma de espuela*
Estambul: *ciudad de Turquía*
estancieros(as): *dueños(as) de estancias o haciendas*
estocada (f.): *golpe*
estragos (m): *daño(s), ruina(s)*
éxtasis (m.): *trance espiritual*

F

Fitz Roy: *cerro de los Andes patagónicos, entre Chile y Argentina*
flamencos(as): *de Flandes*
flamboyán (m.): *árbol con flores rojas*
flaquearon (flaquear): *perdieron fuerza*
flete (m.): *caballo de paseo*
fulgor (m.): *resplandor*

funcionales: *que enfatizan el uso, no la estética*

G

galeón (m.): *barco antiguo*
garbo (m.): *elegancia*
gateado(a): *caballo de pelo oscuro y cebreado*
gatico (m.): *gatito*
gemas (f. pl.): *piedras preciosas*
gimnasia sueca (f.): *ejercicios calisténicos*
Goliat (m.): *gigante bíblico vencido por David*
golquíper (m.): *arquero, portero*
gongos sordos (m. pl.): *sonidos graves que produce el gong*
gorguera (f.): *pieza de la armadura o cuello de volantes usado en los siglos XVI y XVII*
granizo (m.): *lluvia helada*
greda (f.): *arcilla arenosa*
guagua (f): *autobús (en el Caribe)*
guardapelo (m.): *joya en forma de cajita para guardar objetos de recuerdo*

H

haragán(a): *vago(a), perezoso(a)*
haraganeando (haraganear): *siendo perezoso*
hemisferios (m. pl.): *las dos mitades de una esfera*
hendeduras (f. pl.): *aberturas*
heno (m.): *paja*
hierbabuena (f.): *planta medicinal de olor agradable*
hojeó (hojear): *miró las hojas (de un libro o periódico)*
hormado(a): *formado(a)*
hule (m.): *caucho o goma elástica*

I

idiosincrasia (f.): *modo de ser de un pueblo o grupo étnico*
ignotos(as): *desconocidos(as)*
impacientaba (impacientar): *perdía la paciencia*
importe (m.): *precio*
impresas(os): *publicadas(os)*
inagotable: *que no se termina*
inauditas(os) (m. pl.): *insólito(as), sorprendentes*
ingenio (m.): *plantación de azúcar*
intuyendo (intuir): *entendiendo sin necesidad de palabras*
invertebrados (m. pl.): *sin vértebras*

J

jabot (m.): *cuello de volantes*
jarrones (m. pl.): *floreros, vasijas*
jota (f.): *baile de Aragón y otras regiones de España*

L

la cosa está bien gruesa: *las cosas son difíciles*
latón (m.): *aleación de cobre y cinc*
lavatorio (m.): *lavabo*
leerte la cartilla: *decirte las normas*
legada(o): *dejada(o)*
legaron (legar): *dejaron en herencia*
letras (f. pl.): *las palabras de una canción*
liarse (liar): *atarse, envolverse*
libreta (f.): *cuaderno donde se indica la ración de ropa y alimentos para cada familia*
liquidado(a): *terminado(a)*
luce (lucir): *lleva puesto*

M

madrugada (f.): *amanecer*
malestar (m.): *sensación desagradable*
matancero(a): *originario de Matanzas, en Cuba*
me mancho (mancharse): *me ensucio, me tiño*
me sobrevendría (sobrevenirse): *me ocurriría*
mecerse: *balancearse*
melindrosamente: *con mucho cuidado*
memorables: *inolvidables*
menudo (m.): *monedas*
mes de vela: *luto por un muerto*
metamorfosis (f.): *cambios, transformaciones*
miliciana(o): *militarista*
minimilista: *muy sencillo, mínimo*
mirá (mirar): *mira*
mística(o): *espiritual*
morral (m.): *bolsa*

N

navarro(o): *natural de Navarra*
negrero(a): *persona que se dedicaba al comercio de esclavos*
nomeolvides (f.): *flores silvestres pequeñas y azules*

norma (f.): *cantidad de trabajo que hay que hacer*
notas (f. pl.): *artículos*

ocultos(as): *escondidos(as)*
opsay (m.): *posición adelantada de los jugadores en el fútbol*
oropéndolas (f. pl.): *aves de plumas amarillas con la cola y las alas negras*
overo(a) rosado(a): *caballo con manchas rosadas y blancas*

pasarela (f.): *plataforma para desfiles de modas*
pastiche (m.): *mezcla*
pasto (m.): *hierba*
patente: *obvia, evidente*
péndulo (m.): *colgante*
petiso(a): *de poca altura*
pétreo(a): *de piedra, fuerte*
piaban: *cantaban (sonido de los pájaros)*
piedra pómez (f.): *piedra de mar que se usa para pulir*
plañir: *gemir, lamentarse*
plata (f.): *dinero*
podridas(os): *descompuestas*
Poe: *cuentista y poeta norteamericano*
polo (m.): *el punto más al norte o al sur del planeta*
ponete (poner): *ponte*
Popocatépetl: *volcán de México*
postizas(os): *falsas(os)*
pre: *escuela superior (Cuba)*
precolombinas(os): *de antes de la llegada de Colón a América*
predador(a): *animal que mata a otro para comérselo*
predicaban (predicar): *hablaban sobre*
prenda (f.): *pieza del vestido*
promisorias(os): *que prometen*
pulir: *perfeccionar*

que achaca (achacar): *que atribuye*
que me apure (apurarse): *que vaya rápido*
que se siembra (sembrar): *que se planta*
que serpea (serpear): *que tiene muchas vueltas*
querubines (m. pl.): *ángeles*

rajado(a): *acobardado(a)*
realizarse: *hacerse*
rebatir: *refutar, contradecir*
recostándose (recostarse): *apoyándose*
recovecos (m. pl.): *rincones, sitios escondidos*
reposando (reposar): *relajando*
repujado(a): *labrado(a)*
resquebrajó (resquebrajar): *rajó*
restos (m. pl.): *pedazos*
retamas (f. pl.): *plantas con pequeñas flores amarillas*
reverentemente: *con respeto*
riego (m.): *acción y efecto de regar, irrigar*
ronda gala (f.): *Tour de Francia*
rueda de prensa (f.): *reunión con los periodistas*
ruego (m.): *súplica, pedido*

salamandras (f. pl.): *seres fantásticos considerados como los espíritus del fuego*
salón de armarios (m.): *vestuario*
samaritanos(as): *personas dispuestas a ayudar, caritativas*
saneamiento (m.): *reparación de un daño, limpieza*
saqueo (m.): *robo*
savia (f.): *líquido que circula en las plantas*
se desata: *se suelta, se libera*
se disgregaron (disgregarse): *se dispersaron*
se endilgó (endilgarse): *se puso*
se ensañan (ensañarse): *se enfurecen*
seguís (seguir): *sigues*
sendero (m.): *camino*
sonrisas evasivas (f. pl.): *sonrisas falsas*
Stevenson: *novelista inglés*
subacuática(o): *que está bajo el agua*
sumamente: *muy*

T

tableros (m. pl.): *paneles*
tallé (tallar): *restregué*
tangentes (f. pl.): *puntos de contacto*
tapete (m.): *mantel pequeño*
tapices (m. pl.): *alfombras que se cuelgan en las paredes*

tartamuda(o): *que pronuncia con trabajo y repitiendo las sílabas*
te beques: *recibas una beca*
Tenochtitlán: *capital de los aztecas*
texturada(o): *con textura*
tío (m.): *hombre*
tiznados(as): *sucios(as), manchados(as)*
tórax (m.): *pecho*
transeúnte (m.): *persona que pasa por la calle*
trasfondo (m.): *referencia*
tropezar: *chocar*
Tumbuctú: *ciudad de Mali*

V

vagido (m.): *quejido*
Valencia: *ciudad de España*
válvula (f. pl.): *pieza que regula el paso de un fluido*
varas (f. pl.): *medida de longitud*
variopinto(a): *de todo tipo*
vatios (m. pl.): *unidad de potencia eléctrica*
ventoleras (f. pl.): *golpes de viento fuerte*
Verdi: *compositor italiano de óperas*
Versalles: *palacio de los reyes de Francia*
viandas (f. pl.): *comidas*
vigencia (f.): *de hoy en día*
víscera (f.): *entraña*
volantes (m. pl.): *especie de vuelos que tienen algunas prendas de mujer*
vos: *tú*

Z

zacate (m.): *fibras vegetales usadas para fregar*
zambullidas (f. pl.): *inmersiones*
zanjas (f. pl.): *surcos que abre en la tierra la corriente de un arroyo*
zumba (zumbar): *resuena, sisea*
zurda(o): *que escribe con la mano izquierda*

ACKNOWLEDGMENTS

continued from page 3

Octavio Paz

"Niña" by Octavio Paz from *Libertad bajo palabra, (1935-1957)*, Ediciones Cátedra, 1988. Copyright " by Octavio Paz. Reprinted by permission of the author.

Univision Network Limited Partnership

Excerpt of "Juan Luis Guerra poeta y músico del pueblo" by Marta Madina, appeared in the magazine *Más*, November 1992. Copyright " 1992 by Univision Network Limited Partnership. Excerpt of "Una ráfaga de esperanzanza después del huracán Andrés" by Fernán Martínez from *Más*, November 1992. Copyright " 1992 by Univision Network Limited Partnership. Excerpt of "Linda Ronstadt: El espejo de dos culturas" by José Ronstadt from *Más*, May 1993. Copyright " 1993 by Univision Network Limited Partnership. All selections reprinted by permission of Univision Network Limited Partnership.

Gina Valdés

"Where you from?" by Gina Valdés from Paper Dance, Persea Books, N.Y., 1995. Copyright " 1986 by Gina Valdés. Reprinted by permission of the author.

Adela Vettier

"Niño del futuro" by Adela Vettier from *Nuevo Castellano 1, Lengua y literatura, lenguaje y comunicación*, Editorial Kapelusz, 1982. Copyright " by Adela Vettier. Reprinted by permission of the author.

Vintage, a Division of Random House, Inc.

Excerpt from *Cuando era puertorriqueña* by Esmeralda Santiago. Copyright " 1994 by Esmeralda Santiago. Reprinted by permission of Vintage, a Division of Random House, Inc.

Note: Every effort has been made to locate the copyright owner of material reprinted in this book. Omissions brought to our attention will be corrected in subsequent printings.

PHOTO CREDITS

7 (background), Dan Potash; 7 (inset), Guiliano du Portu; 8, Addison-Wesley; 9 (t), Dan Potash; 9 (c), Wil Blanche/Omni-Photo Communications, Inc.; 9 (bl), Anna Elias; 9 (br), Christina Salvador; 10 (background), Dan Potash; 10 (inset), Wil Blanche/Omni-Photo Communications, Inc.; 10-11 (b), Andrés Palomino; 11 (background), Dan Potash; 11 (inset), Wil Blanche/Omni-Photo Communications, Inc.; 13, Dan Potash; 14 (l), Dan Potash; 14 (r), Courtesy of the author; 17, Rocío Escobar; 18, Courtesy of the author; 19 (background), Dan Potash; 19 (inset), Sally Wiener Grotta/The Stock Market; 20 (background), Dan Potash; 20 (inset), Corbis/Bettmann; 21, Dan Potash; 22, Corbis-UPI/Bettmann; 23, Rocío Escobar; 24-26 (background), Reginald Powe; 25 (inset), Rocío Escobar; 28, Corbis-UPI/Bettmann; 30, Courtesy of Barry Domínguez; 31 (t), Jennie Nichols; 31 (b), Dan Potash; 32, Jennie Nichols; 33, Courtesy of the author; 35, NASA; 38 (t), Corbis-UPI/Bettmann; 38 (b), Rocío Escobar; 39, Courtesy of the author; 40 (background), NASA; 40 (inset), William Roy/The Stock Market; 41, © 1992 Mel Fisher Maritime Heritage Society, Key West FL. Dylan Kibler photographer; 42, Henry Cordero; 43, Henry Cordero; 44, Henry Cordero; 45, Henry Cordero; 50, Andrés Palomino; 55 (t), Anna Elias; 55 (lc), Anna Elias; 55 (c), Vera Lentz; 55 (rc), Dan Potash; 55 (b), Vera Lentz; 56, Susan Greenwood/Gamma Liaison; 59, Courtesy of Ediciones Orión; 60-61, Rocío Escobar; 62, Rocío Escobar; 63, Clark Evans; 64, Henry Diltz/Corbis; 65, George Rose/Gamma Liaison; 66, Clark Evans; 67, Henry Cordero; 68, Archive Photos/Archive France; 69 (inset), Rocío Escobar; 69 (background), Rocío Escobar; 70, Rocío Escobar; 71, Courtesy of Pilar Gómez Bedate; 72, Dan Potash; 74, Henry Cordero; 75 (background), Henry Cordero; 75 (inset), Alyx Kellington/D. Donne Bryant; 76, Henry Cordero; 77, Marta Vengoechea; 78, Courtesy Instituto Cervantes; 79, Dan Potash; 80, Marcos López; 82, Photo Alphonso; 83, Marcos López; 84, Courtesy of Revista Nueva; 85, Courtesy of Revista Nueva; 87, Peter L. Gould/Images Pictures, Inc.; 88, Arici Grasziano/Sygma Photos; 91, Popperfoto; 92, Christina Salvador; 93, Courtesy of Wilke-Rodriguez; 94 (inset), Courtesy of Wilke-Rodriguez; 94-95 (background), Courtesy of Wilke-Rodriguez; 95 (inset), Courtesy of Wilke-Rodriguez; 96, Courtesy of Wilke-Rodriguez; 97, Steve Brown/Leo De Wys, Inc.; 99, Dan Potash; 100, Richard Hutchings/Photo Researchers, Inc.; 101, Courtesy of Mirta Arlt; 103-105 (background), Vera Lentz; 105 (t), Marta Vengoechea; 105 (tc), Marta Vengoechea; 105 (bc), Marta Vengoechea; 105 (b), Marta Vengoechea; 107, Corbis-Reuters/Bettmann; 108, Corbis-Reuters/Bettmann; 109, Cindy Karp/Black Star; 110, Corbis-UPI/Bettmann; 115, Archive Photos; 119, Alan Schien/The Stock Market; 120, Corbis-UPI/Bettmann; 121, Stephen Ogilvy; 123, Courtesy of the author.

ART CREDITS

Dan Potash: Cover, 9-11, 15, 31, 34, 37, 40, 52-54, 72, 79, 84-86, 89, 98, 111, 113.
Jennie Nichols: 7, 55.